関東学院大学 キリスト教と文化研究所 研究論集 ❼

バプテストの歴史と思想研究

Studies in Baptist History and Thought

バプテスト研究プロジェクト 編

関東学院大学出版会

「バプテストの歴史と思想研究」誌発刊の辞

The Journal of the Study Group on Baptist
Institute for the Study of Christianity and Culture, Kanto Gakuin University

　本誌は関東学院大学、キリスト教と文化研究所における「バプテスト研究プロジェクト」の研究者による小論集である。日本におけるバプテスト史研究、またバプテストの思想研究はまだ十分になされているとはいえないが、こうした研究誌により、バプテストの学的研究が少しでも進められることを祈っている。日本の多くのバプテスト教会の教会形成に役立てられ、同じ教派的伝統に立つ教育機関のさらなる発展を願いつつ発刊の辞とする。

　本誌に関するさらに詳しい情報は、下記にお問い合わせ頂きたい。

「関東学院大学・キリスト教と文化研究所」
〒236-8501　横浜市金沢区六浦東 1-50-1　（Tel) 045-786-7873
E-mail: kgujesus@kanto-gakuin.ac.jp

関東学院大学 キリスト教と文化研究所 研究論集❼
バプテストの歴史と思想研究

《目 次》

第一部　研究論文

第二部　日本におけるバプテスト研究の歩みと担い手（寄稿）

第一部
研 究 論 文

第 1 章　横浜バプテスト神学校設立に関する一考察
—横浜バプテスト神学校設立における ABMU 財政援助問題—

村椿　真理

1．はじめに

　横浜バプテスト神学校の創設については、これまでに大島良雄や高野進らの研究によりほぼその全容が明らかにされてきた。邦語文献として重要な資料は限られており、大正期にまとめられた髙橋楯雄編『日本バプテスト史略』上巻などが存在した。[1]第一次資料といえるものは、神学校を設立した当事者である北部バプテストの宣教師たちが残した資料であり、基本的には派遣団体であったアメリカ・バプテスト宣教同盟（American Baptist Missionary Union、以下 ABMU と略す）に対する在日宣教師の「宣教報告書」（Mission Report）や ABMU の通信担当書記 J. N. マードック（John Nelson Murdock, 1820-1897）と個々の宣教師間で交わされた書簡などであった。[2]しかしそれらはどちらも基本的に公に書かれたものであり、個人からの書簡であっても場合によれば ABMU の理事会や執行部に報告されてもよいように注意深く書かれたものであって、言うまでもなく宣教師たちが直面していたすべての事柄がそこに記されているわけではなかった。[3]

　本論攷ではこれまでほとんど表に現れてこなかったと思われる横浜バプテスト神学校設立当初における ABMU からの経済支援問題に着眼し、最近明らかになってきた新事実を取り上げて、その事情を分かる範囲で分析し検証せんとするものである。

　横浜バプテスト神学校設立における ABMU からの経済支援問題とは、これまですでに紹介されてきたように、1884 年 10 月、日本の（当時の中心であった）京浜地区宣教師会が横浜にバプテスト神学校を開校した時、宣教師

達がその運営支援金を長期にわたって ABMU から得られなかったという事
柄である。[4]

　日本宣教再開を積極的に採択し全面的に支持し着手した ABMU 理事会
が、実際には多くの有能な宣教師を日本に派遣しながら、何故現地宣教師会
が切望した神学校設立とその発展のための財政援助を当初行わなかったの
か、或いはそれを許可しなかったのか、この問題についてこれまで誰も詳細
な検証をしてこなかった。神学校の設立は、当時の日本の宣教状況において
は時期尚早であると判断されたのではないかとか、あるいはただ単に当時の
ABMU の宣教資金の逼迫に起因することだったのではないかといった推測
がこれまで一般的になされてきたように思われる。[5]一体どのような理由で、
経済的配慮が行われなかったのであろうか。この問題は決して単純な事柄で
はないことが推測されるのであるが、本論攷ではその理由を問い、僅かでも
そのいきさつを明らかにしてみたいと思う。こうした事柄の解明は、そもそ
も明確な資料が残されてこなかった以上、困難な作業になると思われるが、
可能な限り当時の宣教事情を検証し、エビデンスに基づいてそれを考察した
いと考えるのである。折しも日本バプテスト宣教 150 周年を迎えたこの時
に、こうした事柄について改めて問い返し、本学院「第一の源流」を成した
横浜バプテスト神学校の創設者たちの労の跡を振り返ることは、意義あるこ
とであると考えるからである。

２．ABMU の日本宣教開始に至る経緯概略

　そこで先ず ABMU の日本宣教開始の経緯から、再確認の意味も込めて振
り返っておきたい。ABMU の日本宣教は 1872 年来のことであり、そもそも
は同年 5 月 21 日、ニューヨーク・カルヴァリ第一バプテスト教会（the Cal-
vary Baptist Church）で開催された ABMU 第 58 回年次総会（Fifty-Eighth
Annual Meeting of The Board）の議決によることであった。[6]1872 年のアメリ
カン・バプテスト・ミッショナリー・マガジン（*American Baptist Missionary
Magazine*、以下『*BMM*』と略す）の報告「Annual Report」を見ると、同日午

後の年次総会議事（Afternoon session）の中で、日本宣教に関しては議事3
として以下のような決議をしていた。議決文そのものとその時の報告を改め
て全文引用してみよう。

　「本宣教同盟は、アメリカ・バプテスト自由宣教協会の日本伝道を支持
　するものである。理事会はこの宣教活動を継承し、再実施することが可
　能であると判断した場合には、アメリカ・バプテスト自由宣教協会の会
　員を本宣教同盟の活動に加入するよう友好的かつすべてにわたり歓迎す
　るものである。」[7]

　「ブライト博士（E. Bright, D. D.)[8]はこの決議を支持し自由宣教協会の
　N. ブラウン博士が再び私たちと協力することを望んでいると述べた。
　ブラウン博士は壇上に上がり、理事会に心から歓迎され、これまでの親
　切な対応に感謝の意を表し、3世紀にわたって十字架を踏みにじってき
　た日本が、今や福音に開かれていることについて喜びの言葉を述べた。」

　この時、日本から帰国した J. ゴーブル（Jonathan Goble,1827-1896）は、こ
の帝国の福音化の良い兆しについて簡潔に説明したとも記録されていた。ま
た、この決議に対して、ペンシルベニア州のマルコム博士（Dr.Malcom）も
賛成の意を表明し、決議案は、起立投票により満場一致で採択されたとい
う。

　『BMM』にはこの報告の前に、アメリカ・バプテスト自由宣教協会（the
American Baptist Free Mission Society、以下 ABFMS と略す）の宣教師であっ
た J. ゴーブルによる、1860（万延元）年4月から彼が体験した12年間の日
本伝道報告が短く掲載され、彼が「4つの福音書と使徒言行録、エペソ書を
翻訳、（一部を）出版した」こと、また「多くの生徒を教え、宣教活動を行っ
てきたこと」、今の日本は「キリスト教を歓迎」しており、「日本政府も……
好意的」であり、福音を受け入れる素地がすでに大いに存在すること。また
「天皇は神道の基礎を掘り下げ」、他方で「仏教を徹底して退け」ており、こ
うした状況下にある現在の日本へのキリスト教宣教は「好機にあること」な
ど、昨今の日本事情を報告していた。[9]またその後には、「日本における異教」
（The Pagan Systems in Japan）なる解説や、[10]フランシスコ・ザビエル（Fran-

cisco Xavier）以来の日本キリスト教略史「日本におけるキリスト教」（Christianity in Japan）などが掲載され、イエズス会とドミニコ会の布教活動やオランダ、ポルトガルの日本交易について、また概要のみであるが3世紀に及ぶ日本におけるキリシタン迫害の歴史が紹介され、鎖国を解こうとしている新しい宣教開拓地日本の様子を印象的に伝えていた。[11]

　理事会はその議決に基づき、執行委員会（Executive Committee）で協議し、宣教同盟に対して日本宣教（The Japan Mission）に関する措置を迅速に行う議決をして会議を閉じていた。

　日本への最初のバプテスト宣教師として来日したJ. ゴーブルについてはここで改めて解説することは省くが、彼はある意味で画期的な日本伝道を行った人物であった。彼は1860（万延元）年ABFMSの宣教師として来日し、キリシタン禁制下であるにもかかわらず日本語翻訳聖書『摩太福音書』の出版を成し遂げ、最終的に伝道支援金が枯渇しABFMSから帰国要請の通知を受けても日本残留を決意し、翻訳聖書を売り、大工や靴屋の仕事で生計を立てて、可能な限り自給伝道に挑戦したユニークな存在であった。ABFMSがABMUに日本伝道区を委譲する知らせを受けたJ. ゴーブルは帰国する準備をしたが、1871年12月23日、彼は岩倉使節団の乗船する船「アメリカ号」（the Steam-Ship America）に乗り合わせることになった。[12]これは初めから意図してのことではなかったと思われるが、J. ゴーブルは船上で岩倉主席使節からの面談要請に応じ、明治政府が「日ならずしてキリスト教の解禁を行う」との情報を得てアメリカに帰国したのであった。[13]

　北部バプテストの海外宣教団体ABFMSは南北戦争後、海外伝道区を次々にもう一つの海外宣教団体であったABMUに委譲していたが、当時は日本伝道区を残すのみとなっていたという。そこでJ. ゴーブルは帰国後早速ABMUに積極的な働きかけを行い、ABFMSの海外宣教拠点であった日本伝道区を是非とも継承するようABMU理事会に申し出て、前述の第58回年次総会へと至った次第であった。この件はもちろんABFMS組織内では同年の5月の総会で承認済みのことであり、日本伝道区維持を条件に

ABMU との組織合同を決議していた。[14]

　ABMU の日本宣教に関するその後の報告は、1873 年の『*BMM*』に残されている。先の実行委員会は J. ゴーブルと N. ブラウン（Nathan Brown, 1807-1886）を ABMU に正式に受け入れ、1872 年 10 月に N. ブラウンを主任宣教師とし日本宣教に派遣することを決め、「1873 年 2 月には 2 人を横浜に派遣し、新しい宣教活動を開始させる」との決議をした。[15]さらに同委員会は、当時ニュートン神学校に所属していた J. H. アーサー（James Hope Arthur, 1842-1877）も同時に日本派遣宣教師に任命しており、宣教地の初期態勢が整い次第、J. H. アーサーと「もう一組の家族」を確保して派遣することにしていたと伝えられている。[16]こうして ABMU の日本宣教は慎重にシミュレーションされ、より強化されてスタートしたということができるであろう。

3．日本宣教の開始と進展

　ところで日本に派遣された主任宣教師 N. ブラウンは、経験豊富な宣教師であり、1832 年 8 月にアメリカ・バプテスト外国伝道総連盟（The General Convention of the Baptist Denomination in the United States for Foreign Missions）からビルマ宣教師に任命され、翌年 3 月からビルマのモールメイン（Moulmein）に赴任し、海外宣教活動に着手した人物であった。1835 年から彼は新たに設立された北東インドのアッサム（Assam）宣教に長年従事することになり、新約聖書をアッサム語に翻訳するなど聖書翻訳事業に携わり、それを 1838 年に見事に完成させた、いわばベテランの宣教師であった。[17]またアッサムで築き上げたアッサム伝道団、アッサム・バプテスト教会と現地宣教師会に寄り添い、ラングーン及びバセインの宣教師たちとも親しい関係を保ち献身的な活動をその地で行ったが、最後は健康を害し 1855 年にすべての活動を終えて帰国していた。[18]

　その間のブラウンの所属は、本国での奴隷問題を機に起こった南部バプテスト分離後（すなわち 1846 年 5 月のトライエニアル・コンベンション〔Triennial

Convention〕第11回ニューヨーク、ブルックリン総会後）はABMUであった
が、帰国してからは訳あって1859年にABFMSに所属を変えていた。彼は
ABFMSの通信書記（the Corresponding Secretary）に選ばれると手腕を振る
い、機関紙『アメリカン・バプテスト』（*The American Baptist*）編集者とな
り、奴隷解放運動にも携わりJ.ゴーブルとも最初のJ.ゴーブル日本派遣の
段階から密接な関係を保っていたが、1872年の両組織合同に至り、J.ゴー
ブル共々再度ABMUに所属を変え、復帰の身となった。[19]

　ABFMSが1872年時点で合同を決めた理由には活動の縮小や資金不足な
ど諸事情もあったとされるが、何よりもABFMS結成に至ったすべての（相
違の）原因がすでに解消されていたことがあった。[20]ここで注意しておきた
いことは、日本再宣教は唯一ABFMSの後援という形で行われた海外宣教
事業であった事実である。つまり1872年以降の日本宣教は、ABMUの発案
ではなく、あくまでもABFMSの申し出によって実現されたものであった。
「日本伝道移管」という方向で、しかもABFMSの宣教師が最初に携わる共
同宣教という形をとった唯一の宣教活動だったのである。これはこれまであ
まり明らかにされてこなかった点であるが、1872年に事実上両組織は合同
したのだが、ABFMSがその組織を実際に解散したのは1875年6月12日の
ことであり、最後の年次総会は創設30周年を記念してジャージーシティの
フランクリン・ホール（Franklin Hall, Jersey City）で開催され、ABFMSは
その輝かしい歴史に幕を下ろしていた。[21]

　ABMUにより新しい使命を与えられたJ.ゴーブル、N.ブラウン両宣教師
はこうして希望を胸にそれぞれの家族を伴い、1873年1月6日に、サンフ
ランシスコと横浜間の外輪蒸気定期船「チャイナ号」（Steamer China）に乗
り、2月7日に横浜に到着したのであった。それは周知の通り、キリシタン
禁制の高札が撤去される直前の出来事であった。[22]

　その後2人は同年3月2日に、山手203番地の居留地「取締役第2代目
長官」（Foreign Director）のE. S.ベンソン（E. S. Benson）宅で、インドの
アッサムから本国帰国途上に日本に立ち寄っていたN.ブラウンの元同労
者、I. J.ストダート（I. J. Stoddart）の司式のもと、両宣教師夫妻（会員）4

人だけで横浜第一浸礼教会を設立した。[23]初めブラウン宣教師夫妻は E. S. ベンソン宅に居留したが、翌年には J. ゴーブルが先に用意していた山手75番地に移転し、そこに会堂を建設した。山手75番地には2区画（AとB）の土地があったが、B館の2階に N. ブラウン夫妻が住み、1階を礼拝堂として使用した。これが「横浜浸教会」（横浜第一浸礼教会）の独立した第一会堂であった。[24]

　N. ブラウンは同年、山手67番地に居を移し、息子ウィリアム・ピアス・ブラウン（William P. Brown）を来日させると、そこに「印刷所（横浜・バイブル・プレス）」を開設し聖書翻訳と出版事業に専心した。[25]第一会堂は「小会堂」であったが、礼拝や集会はすべてここで行われ、ブラウン夫人の「デイ・スクール」（Day School）も同所で行われた。しかし髙橋楯雄の『日本バプテスト史略』上巻、30頁によれば、その会堂は1875（明治8）年2月6日夜の元町の火事が原因で類焼してしまい、夏に再建されて用いられ続けたという。[26]

　さてその後の宣教師の来日、着任を振り返ると、10月に J. H. アーサーがこちらも予定通り日本に送り込まれた。またアーサー夫妻着任前であったが中国で宣教師として活躍していた監督教会の J. T. ドーエン（James T. Doyen, 1836-?）が1873年9月にバプテスマ（浸礼）を受け、12月には按手礼（Ordination）を受領、ABMU 宣教師会に加わっていた。[27]彼は1875年には眼病を患いやむなく帰国したが、それと入れ替わるようにして同年10月にミス・サンズ（Clara A. Sands, 1844-1911）が来日。翌76年10月にはミス・キダー（Anna H. Kidder, 1840-1913）が来日し、同年11月には今度は F. S. ドビンズ（Frank S. Dobbins, 1855-1916）夫妻が横浜に到着し、先着の宣教師たちを勇気づけたという。また1878年には H. H. リース（Henry Holcombe Rhees, 1828-1899）夫妻が来日、1879年7月には日本政府のお雇い教師をしていた T. P. ポート（Thomas Pratt Poate, 1848-1924）が宣教師に任命され東北伝道に成果をもたらした。そして同年12月には A. A. ベンネット（Albert Arnold Bennett, 1849-1909）が来日し、横浜を中心に N. ブラウンのもとで宣教

活動を精力的に開始したのであった。[28]

　その後は 1883 年に C. H. フィッシャー（Charles Henry Day Fisher, 1848-1920）が来日し、1884 年には R. A. タムソン（Robert Austin Thomson, 1860-1932）が来日し 1888 年 1 月以降 ABMU の宣教師となって H. H. リースを神戸で助けた。同 1884 年 11 月には E. H. ジョーンズ（Ephriam Hilworth Jones, 1849-1932）が来日している。翌 1885 年にはミス・ロールマン（Eva.L. Rolman, 1857-1913）が来日した。1886 年には C. K. ハリントン（Charles Kendal Harrington, 1858-1920）、1888 年にミス・イートン（Lucy M. Eaton, 1863-？）、1889 年 11 月には J. L. デーリング（Jhon Lincoln Dearing, 1858-1916）、S. W. H. ハンブレン（Samuel W. Hamblen, 1862-1940）、G. W. タフト（George Wheaton Taft, 1865-1939）と、宣教師が続々と来日し、日本宣教は拡大し、横浜を中心に東京、東北、神戸、大阪、信州、沖縄、根室まで、教会や講義所が各地に創設され、福音宣教は大きな広がりをみせたのであった。

　以上の宣教師来日の基本情報は、S. B. ティタリントン著、『バプテストの海外宣教一世紀の概要』（*Century of Baptist Foreign Missions. An Outline Sketch.* 1891）[29]からの引用であるが、ティタリントンによれば 1883 年に日本では一大リバイバルが起こったことが特筆すべきこととして報告されていた。それによると、その年 1 年間に日本では凡そ 2,000 人の信徒が福音的なプロテスタント教会に加えられたとされ、具体例として N. ブラウンの次のような言葉が紹介されていた。「12 年前に始まった私たちの小さな組織が、今では 400 人以上の会員に膨れ上がっていることを思うと、私はただただ『何と驚くべきことか、これは神の御業だ』と絶賛するばかりです」と。正確にはこの発言は 1885 年のものであったが、『BMM』の当時の統計表を見ると、確かに 1883 年から 1885 年にかけて教勢の急成長があったことが分かる。[30] 1883 年のリバイバルについては 1884 年『BMM』の宣教報告に以下のように記載されていた。

　「昨年はプロテスタント・ミッションが導入されて以来の日本の宗教史における最も注目すべき年であった。大覚醒の波が日本全土に及び、ほとんどのミッションの伝道拠点で多くの入会者の報告がなされている。

　　1883 年の 1 年間にキリスト教会に加入した人々の数は、プロテスタント・ミッションが初めて伝来してからの 17 年の間に得た人数と同じであった。」[31]

　日本で最初にバプテスト会員になったのは J. ゴーブルの助手として働いていた横浜の石川寿一郎であったが、彼は横浜本牧海岸で J. ゴーブルよりバプテスマ（immersion）を受けていた。1874 年以降、教勢は初めは徐々に緩やかに増加していく様子であったが、1881 年以降は一気に拡大していることが分かる（以下の教勢推移表 を参照）。

年　度	地　域	宣教師	牧　師	伝道師	教　会	受　浸	教会員
1874	横　浜	5	—	—	1	—	8
1875	横　浜	5	—	—	1	—	8
1876	横　浜	3	1	—	1	7	15
	東　京	3	—	—	—	—	—
1877	横　浜	5	3	—	1	8	22
	東　京	3	3	—	1	16	20
1878	横　浜	3	3	—	1	4	22
	東　京	1	—	—	1	5	23
1879	横　浜	3	1	—	1	14	36
	東　京	3	1	—	1	14	30
1880	横　浜	7	4	—	1	12	39
	東　京	5	1	—	1	8	37
	北日本（東北）	1	—	2	3	12	10
1881	横　浜	7	1	2	1	17	49
	東　京	4	—	—	1	6	38
	北日本（東北）	1	—	7	3	34	46
1882	横　浜	5	1	2	2	41	90
	東　京	4	1	1	1	5	38
	神　戸	2	—	—	2	5	11
	北日本（東北）	2	—	5	3	25	46
1883	横　浜	5	1	1	2	14	98
	東　京	3	1	1	1	6	38
	神　戸	2	—	1	2	8	19
	北日本（東北）	2	—	14	4	41	84

　以上のように、1883年度の報告には、全国で69名のバプテスト会員が新たに加えられ、総会員数は239名に及んでいた。[32]先のN.ブラウンの1885年の言及に従えば、バプテスト会員はその時は全国で400名以上に増加していた（正確には433名）というのであるから、これはやはり驚異的な伝道の進展があったと認めてよいであろう。こうした伝道の進展の中で、宣教師たちの心中に「日本人伝道者養成の必要性」が強く痛感され、1884年のバプテスト神学校設立へと向かったものと考えられる。もう少し当時のバプテスト宣教拡大の動向を見ておきたい。

　1883年はバプテスト教会の会員総数は239名であったとされるが、1884年には全国で受浸者が47名与えられており、会員数は256名に増加したことが報告されていた。[33]1885年には433名、ちなみに1888年以降の教勢を見ると、全国の信徒数は900名を超えていき、1890年には1,036名と、その後も増加の一途をたどった。

　1883年時点での日本の北部バプテスト系の教会数はまだ僅か9教会であり、宣教師数は12名、日本人牧師が2名、伝道師が17名と報告されていたが、宣教拠点は多く（保土ヶ谷、川崎、八王子、厚木、長後、上溝、原町田、小田原、水戸、平、信州松本、盛岡、花巻、仙台、柳津、古川、八戸、兵庫、徳島、姫路、京都、池田、福本、中の関、宮市、三田尻、下関、福知山、豊岡、生野、久美浜など）、各地に作られた講義所、またブラウン夫人の主催した女子教育機関をはじめ、ミス・サンズがブラウン夫人から引き継いだ学校、ミス・キダーがJ. H. アーサーを助けて活躍した女学校「友来社」などでは教会や伝道所とは違った形で布教活動が行われていた。[34]そしてそうした宣教拠点や講義所へは、基本宣教師が分担して巡回伝道をしていたのであったが、当時すでに幾人もの日本人牧師、日本人伝道者、教師、奉仕者が訓練され用いられていたのであって、彼らの協力により盛んな伝道活動が実施されていたのであった。

　例えば、N.ブラウンはインド、アッサムでの現地人伝道アシスタントの経験を生かして、1876年には「説教ライセンス」を与えた3人の日本人説教者（Licensed lay preacher）を持っていたと報告しているが、川勝鉄弥に

は 1879 年 11 月に按手礼を授け、彼を日本人最初の牧師として任職し派遣していた。東京では J. H. アーサーの働きの中から鳥山正心、鈴木任、内田はま、永田とき、松平りか、松井銀子などの伝道者、ミス・キダーを助けた早乙女さきや荒井平次郎などの奉仕者がいた。また東北伝道においても T. P. ポートは工藤順造、清野供之進、池田清道、熊谷直衛の四人を聖書販売人兼伝道者として用いていたし、大阪徳治、中野徳治郎が東北の伝道者として活躍していた。ミス・サンズも同様にして鈴木重威（鈴木任令息）、小林健次、磯部昇平、伊達謙を伝道者として認容し、またバイブル・ウーマン（Bible Women）として苗村かく、重本ちよ、小島せきなどを訓練して実際に宣教活動の一端を担わせていた。長後教会設立者の一人となった伊達謙と共に働いた尾作昇平も伝道者であった。さらに東京から神戸に赴任した宣教師 H. H. リースの下では、内田正伝道師が働いていた他、吉川亀が伝道師となりリースの伝道活動を力強く補佐していた。このように、宣教の拡大に伴い、他にも多くの奉仕者が用いられ、「日本人には日本人伝道者を育成し、彼らと共に福音を伝えていくべき」との意識が宣教師の間に愈々高まっていた。[35] 例えばそれは 1880 年『BMM』に掲載された T. P. ポートの 6 月 16 日付けの「手紙」の中にも以下のように報告されていた。

　　「この宣教地を保持し、活動を続けていくためには、日本人伝道師の良いスタッフが必要であり、彼らを養成しなければなりません。リース師は以前からこのために尽力してこられましたが、今その資金がないのです。私たちは緊急に財源を必要としています。主が皆さまの心に寄付する思いを起こさせ、私たちを聖霊で豊かに満たして下さり、この業が恵みの内に進むよう私たちのためにお祈り下さい。主を愛するすべての皆さまの祈りをお願い致します。」[36]

　またC. H. D. フィッシャーも後の 1886 年の『BMM』に以下のような報告を寄せていた。

　　「日本の宣教活動において青年たちを伝道者として育てることこそが決定的に重要であると感じてきたために、横浜の神学校で教育に携われることは私の大きな喜びです。学期がある間、すなわち 1 年の内 8 ヶ月、

週に一度、私はこの講義のために横浜に通いました。授業は日本語で行
うために、その準備のために私を助けている説教者、兼私の日本語の教
師と共に、私は多くの時間を費やしています。私たちが授業を始める
時、学生たちは自分自身のために、またまだ救いに与っていない日本の
ために真剣に祈ってくれるので、私は心打たれてきました。」[37]

4．横浜バプテスト神学校設立の経緯

　次に横浜バプテスト神学校設立の経緯も可能な限り正確に振り返っておき
たい。A. A. ベンネットを中心とした横浜バプテスト神学校の設立経緯に関
しては、髙橋楯雄が『日本バプテスト史略』上巻、大正 12 年、11 頁以下に
縷々記していたが、ここでは大島良雄の先行研究の成果の中からあらましを
紹介しておくことにする。[38]

　ちなみに高野進も 1995 年に『A・A・ベンネット研究―ある異質な指導
者像』なる研究書を著し詳細を論述していたが、大島良雄はその高野論文も
踏まえた上で、1997 年 11 月に発行された『日本につくした宣教師たち』の
第 4 章において言及しており、関東学院大学文学部 1998 年度紀要第 55 号 3
月 30 日発行の論文「A. A. Bennett と横浜バプテスト神学校」においても、
またそれより若干細かい部分にまで言及した同年 10 月 25 日、「ベンネット
博士昇天 80 周年記念講演」の原稿を『A. A. Bennett を中心とした横浜バプ
テスト神学校小史』と改題して残しておられる。[39] また同氏は 2007 年刊行の
『バプテストの横浜地区伝道　1873-1941 年』においても、横浜バプテスト
神学校の創設について詳細を解説していた。[40]

　そこで大島論文の第一次資料を確認してみると、基本は A. A. ベンネット
の ABMU 通信担当書記「J. N. マードックへの手紙」が最も信頼できる情報
として紹介されていた。A. A. ベンネットの J. N. マードック宛ての書簡は
関東学院大学図書館本館の「貴重古書保管室」に現在も厳重に一通ごとに保
存されているものであるが、その一部分は関東学院大学図書館『研究会報』
1991 年、3 月 29 日刊、関東学院大学図書館編集・発行の会報に高野進の翻

訳が「―参考資料― A. A. ベンネットの手紙」と題して 1879 年 12 月 11 日から 12 通分（1881 年 6 月 24 日付けの書簡まで）が翻訳されていた。高野進によれば、これはごく一部であり、A. A. ベンネットが死没する直前までの手書きの書簡が関東学院大学図書館に保管されているとのことであった。論者は残された関連書簡を可能な限り閲覧してみたが、神学校設立財政支援に関係する手紙は限られており、他に関連する返信などは発見できなかった。

　A. A. ベンネットは 1880 年 12 月 6 日付の手紙で、来日 1 年を振り返り、次のようなことを報告していた。

　　「私たちは二人とも日本語がいくらか上達しました。二人ともどうにか
　　仕事を始めました、毎週日曜日、妻は教会の人々に残ってもらい、日本
　　語讃美歌の練習をしています。私は、とても興味深い火曜日夕方の聖書
　　クラスに加えて、横浜の日本人説教者たちに私のところに集まってもら
　　うことにしました。これは水曜日の午後二時から五時まで説教学とキリ
　　スト教確証論を学ぶためです。私は昨日（日曜日）、教会で日本語では
　　じめて説教をしました。」[41]

　これは手紙の抜粋であるが、この手紙は 1880 年時点で、つまり横浜バプテスト神学校設立 4 年前に、ベンネットが早くも神学教育に着手していたことを物語る証拠であった。また 1884 年には彼は『BMM』第 70 回年次報告書に「私は近いうちに神学訓練校のようなものができることを望んでいます」と明確に展望を報告していた。[42]

　神学校設立会議を横浜で行った事実は 1884 年の 3 月 9 日の J. N. マードック宛の手紙に以下のように記されていた。以下は大島良雄の論文『A. A. Bennett を中心とした横浜バプテスト神学校小史』からの訳文引用である。「今月 7 日、Dr. Brown 宅に兄弟 Poate, Fisher, Bennett が集まり神学校開設について自由に話し合った。この問題について考え祈っていたのは私だけではなく、何らかの形での神学教育、やがてそれが核となって、日本のバプテスト神学校になるものの開始に向けて、直ちに手を打つ可きであるというのが、一致した意見であると言うことが分かった」[43]

　それに続いて、約10名の学生の予定者があり、前期にその半数が授業を受け、後期には宣教活動に従事していた他の半数が授業を受け、学校で学んでいた学生は説教と伝道に従事することになると学校の教育方針について述べ、「授業は Poate、Fisher、Bennett の間で分担することになるだろう。」と報告していた。[44] A. A. ベンネットによる神学校についての報告は1885年『*BMM*』71回年次報告までないが、そこには「神が横浜で始めることを許して下さった神学校は、多くの計画と祈りの結果である。これは厳密な意味での神学校であり、神学思想の苗床である。現在までに決定している授業科目は、旧・新約釈義、神学、教会史と説教学である。教師は Poate、Fisher、と Bennett である。授業は日本語で行う。学生は4ヶ月間学習した後で説教または聖書販売などに従事する。一方、彼らが働いている間、同じ期間、他のものが学校に来る。少なくとも過去1年間教会員として立派な評判を維持できなかった者には経済的援助を与えない。最初の学生は6名で、彼らは能力も適応性もまちまちであったが、全ての者が知識に富んだみ言葉の説教者になりたいと願っている。」と報告していた。[45]

　さて今ここで大島良雄や高野進が研究した当初の神学教育の状況や展開をつまびらかにトレースすることはしないが、問題はこれら A. A. ベンネットらの神学校創設決議と以上のような報告に対する J. N. マードックならびにABMU 理事会の対応であった。これに関しては、髙橋楯雄編『日本バプテスト史略』上巻、115頁を先ず引用しておきたい。「同年（1884年・明治17年）10月6日月曜日に學校は開かれた。ブラウン博士とベンネット氏の家の丁度下で、後ろにあった平屋建ての洋館があいて居たので、之を校舎として用ゐた。」[46]、「ベンネットは神學校の敷地と建物との爲めに、二千弗を傳道會社に願ふたけれども聴かれなかった。夫れのみならず學校の爲めに借りた家の家賃一ヶ月二十圓を拂ふことが出來ないので、一年半の間は所々に移轉した。最初は市内の日本の家屋に移り、次にベンネット氏の宅の後ろの家に移り、十九年の終りに七十五地のミッションの家に轉じた。此家はミス・サンズやポート氏家族等の住んでゐた古い家で、最早住宅として用ゆることが出來なくなったものである。」と、校舎の困難な状況を記していた。[47] また

同じ内容であるが次の記載も確認される。

　「ベンネット氏は此重要なる神學校の建築の爲に二千弗の金を求めたの
　であるが、本部の傳道會社は之を許さなかったのである。其後神學校を
　東京に移して之を完成する事や、或は関西に一つの中學を建つる事等を
　時の宣教師會は決議して本部に願ふたけれども、是れ亦何れも許されな
　かった。初代に於て傳道に重きを置いたことは事實である。併し之が爲
　めに教育を軽視したと云ふことは出來ない。本部傳道會社の經濟的事情
　は之を許さなかったのである。」[48]

　また神学校初代校長となった A. A. ベンネットの J. N. マードックへの同
年9月に出した「財政援助要請」の書簡の中には、A. A. ベンネット以前に
N. ブラウンがすでに神学校設置のための援助申請を行っていたこと、そし
て申請が聴かれなかったために横浜バプテスト神学校がその開校当初から極
端な財政困難に陥っていたこと、それにもかかわらず宣教師たちの献身的な
態度で神学校運営が継続されていたことなどが切々と述べられていた。[49]

　ここで注目したいのは、A. A. ベンネットの神学校設置に際しての財政援
助申請も、N. ブラウンの資金の要請も、一切「聴かれなかった」という報
告である。にわかには耳を疑うような言及であるが、髙橋楯雄が伝え、A.
A. ベンネットの書簡にも N. ブラウンの願いが記されていたという以上、こ
れは嘘偽りのない本当のことであった。ここではその事実を別の『BMM』
の報告記事から読み取ってみたい。

ABMU「日本宣教資金支出記録」(Report of the Treasurer)
　『BMM』には日本宣教に関する ABMU の支出報告も当然すべて掲載され
ていた。そこで1883年以降の日本宣教支出報告（1873. Japan Mission. Report
of the Treasurer）を年を追って見ていくことで、バプテスト神学校設立時に
本当に財政援助がなされていないこと、ではいつから神学校支援が始まった
のか、その動きを確認することができる。日本宣教が開始された1873年の
当初の支出記録は以下のようなものであった。

1873, Japan Mission.[50]

Paid appropriations of the year as follows, including exchange: —

For salary of Rev. Nathan Brown, D. D — 1,200.00

his mission work, including medical expenses, rent, ete — 840.00

the outfit and passage of himself and family — 2,050.00

salary of Rev. Jonathan Goble — 1,200.00

his mission work, as above — 745.00

the outfit and passage of himself and family — 2,000.00

total：8,035.00

　「N. ブラウン牧師給与（年俸）1,200 ドル、医療費、家賃含む宣教活動費 840 ドル。自分自身と家族の必要経費・交通費 2,050 ドル。J. ゴーブル牧師給与 1,200 ドル、宣教活動費 745 ドル。自身と家族必要経費と通行費 2,000 ドル」で、「総支出は 8,035 ドル」とあった。

　この数字（総額）は毎年宣教の拡大により多くなっていくが、1874 年には総額 9,075 ドル、1875 年には総額 13,276 ドルにといった具合であった。[51]先にも述べたように教勢が上がっていった 1881 年の記録を開くと、『*BMM*』第 67 回年次報告書には「N. ブラウン牧師給与 1,200 ドル、家賃含宣教活動費 952.92 ドル、聖書印刷 4,753.52 ドル。A. A. ベネット牧師給与 1,000 ドル、家賃含宣教活動費 800.25 ドル、H. H. リース牧師給与 1,000 ドル、土地、家賃含宣教活動費 2,807.24 ドル。T. P. ポート牧師給与 1,200 ドル、宣教活動費 656.20 ドル、ミス C. A. サンズ給与 500 ドル、個人的教師、家賃含宣教活動費、修繕費、1,050 ドル。ミス A. H. キダー給与 500 ドル、個人的教師、家賃含宣教活動費 900 ドル。ミス E. J. マンソン給与 500 ドル、個人的教師、宣教活動費 150 ドル。J. H. アサー牧師アメリカでの手当 116.67 ドルで総計 18,086.80 ドルまで上昇していた。

　そこで神学校設立時期の、日本への ABMU の財政援助の様子を見てみると、以下のように全体として経済支援は広がってはいるが、神学校設立支援金は全く費目に上がっていないことが分かる。

1884, Seventieth Annual Report.

For salary of Rev. N. Brown, D. D. — 1,200.00

his mission work, rent, and Bible-work — 2,076.08

salary of Rev. T. P. Poate. — 1,200.00

his mission work. — 1,037.05

salary of Rev. A. A. Bennett. — 1,200.00

his mission work, rent, and taxes on mission property. — 1,104.74

salary of Miss C. A. Sands — 500.00

her mission work . — 1,305.00

salary of Rev. H. H. Rhees — 1,200.00

his mission work, including $75.00 collected in field. — 1,368.19

salary of Miss A. H. Kidder. — 500.00

her mission work, rent, school, and new buildings. — 6,220.35

salary of Rev. C. H. D. Fisher. — 1,000.00

his mission work and personal teacher. — 373.83

his removal expense from Ongole to Tokio. — 480.36

salary of Miss M. A. Whitman, ten months, estimated. — 416.67

her personal teacher. — 100.00

her passage to Japan. — 439.32

salary of W. P. Brown. — 1,000.00

additional expenses for Mr. Dobbin's passage to United States. — 50.20

total：22,771.79

1885, Seventy-First Annual Report.

Japan Mission.

For salary of Rev. N. Brown, D. D — 1,200.00

his mission work, rent, and Bible work — 3,017.66

salary of Rev. T. P. Poate. — 1,200.00

his mission work. — 1,06.58

salary of Rev. A. A. Bennett 1,200.00

his mission work and rent. — 951.13

salary of Miss C. A. Sands. — 500.00

her mission work. —1,240.00

salary of Rev. E. H. Jones, estimated, ten months. — 833.33

his personal teacher and mission work. — 280.37

his outfit $500.00, and passage $726.26. — 1,226.26

for salary of Miss A. H. Kidder. — 500.00

her mission work and rent. — 1,198.60

salary of Rev. C. H. D. Fisher. — 1,000.00

his mission work. — 373.83

salary of Miss M. A. Whitman. — 500.00

her personal teacher. — 111.05

salary of Rev. H. H. Rhees. — 1,200.00

his mission work, including $168.22 collected in the field. — 1,159.05

salary of Rev. G. H. Appleton, estimated, eleven months. — 916.67

his personal teacher, rent, and mission work. — 600.00

special grant. — 500.00

total：$20,797.53

1886, Seventy-Second Annual Report.

For salary of Rev. N. Brown, D. D., three months. — 300.00

salary of Mrs. N. Brown, nine months. — 375.00

mission work and rent. — 667.30

salary of Rev. T. P. Poate to Oct. 19 . - - -63.27

passage to England of Rev. T. P. Poate and family. — 686.40

allowance in England of Rev. T. P. Poate to April. — 200.00

salary of Rev. A. A. Bennett . — 1,200.00

his mission work, rent, and Scripture-printing. — 2,710.29

salary of Miss C. A. Sands, six months. — 250.00

her school and mission work. — 1,176.35

passage to the United States of Miss Sands (estimated). — 400.00

salary of Rev. E. H. Jones. — 1,000.00

his mission work, rent, and house. — 1,247.66

salary of Miss A. H. kidder. — 500.00

her mission work, rent, and school. — 2,002.49

salary of Rev. C. H. B. Fisher - - - - - - - - 1,146.08

his mission work. — 435.52

salary of Miss M. A. Whitman. — 500.00

her personal teacher and mission work. — 118.22

salary of Miss E. L. Rolman (estimated), ten months. — 416.66

her personal teacher. — 50.00

her outfit $250, and passage (estimated) . — 400, 650.00

West-Japan Department.

For salary of Rev. H. H. Rhees. — 1,200.00

his mission work, includin collected in the field. — 1,059.58

salary of Rev. G. H. Appleton. — 1,000.00

his mission work. — 667.30

total：$20,022.12[52]

　ここでは「見積もり」(estimate) もあり概算されているので、細かい数字
ではなく費目の中に「神学校指定の支援金」があるかを確認したい。1884
年に神学校設立の申請をしたのであるから、それが聴かれ反映するとすれば
1885 年か 1886 年に表れてよいと思われるが、これを見る限り該当する費目
も支援もないことが分かる。

　『BMM』の日本宣教資金の支出記録をさらに調べていくと、バプテスト神
学校の費目が登場するのは何と 1894 年の ABMU 第 80 回年次総会の「支出
記録」においてであった。

1894 Eightieth Annual Report. Japan Mission.

For salary of Rev. A. A. Bennett. — 1,200.00

his mission work, rent and Theological school. — 1,558.33

　ここに A. A. ベンネットの家賃を含む宣教活動の隣に、「神学校」
(Theological school) 1,558.33 ドルという数字が突然登場する。ということは
1884 年以降 10 年間、横浜バプテスト神学校には 1 ドルもそのための支援金
はなかったということになる。ABMU の財政状況に関しては後述するが、
南北戦争後、なんとか南北バプテストの伝道協力が再開され実を結びはじめ
ても、精神的荒廃の跡を残す諸教会の交わりの中で、いかに声を大にして呼
びかけても恒常的に海外宣教資金を集めることは簡単なことではなかった。
第二次信仰大覚醒の波は内戦のためすっかり沈滞していたし、宣教地を大幅
に拡大してきた ABMU においては、支出規模が膨らみ、財政は決して楽観
を許さない状況が続いていた。もっとも、日本宣教が開始された時の N. ブ
ラウンの年俸は先に見た通り 1,200 ドルであり 1886 年 1 月にブラウンが横
浜で死没するまでその額は若干の上下はみられるが基本は変わらなかっ
た。[53]もう一つ年次報告から見てとれる情報は、財政援助要請を A. A. ベン
ネットがした ABMU の通信担当書記 J. N. マードックら幹部の受けていた
年俸のことである。ちなみに J. N. マードック本人は、1873 年の「書記に準
ずる人々」(Corresponding Secretaries) の支出記録によると年俸 3,000 ドル
もの給与を受けており、それは職位、担当立場に若干の変更があっても長年
高額な給与を受け続けていたことは事実であった。彼はコレスポンディン
グ・セクレタリーの職位に 1864 年にアシスタントとして就任すると、1890
年まで 26 年間 ABMU の組織の中枢にいつも存在し続けていた（ちなみに
1891 年から 96 年までは名誉書記となる）。その年俸は、長年どのような苦労を
宣教地で重ねたベテラン宣教師の給与と比較しても倍以上に達していた。し
かるにいかに財政逼迫の折りとはいえ、長期にわたり組織の中心に絶大な力
を持っていた J. N. マードックに直談判をすれば、そのさじ加減でいかよう
にでもなると A. A. ベンネットは考えていたかも知れない。日本宣教は

ABFMS と ABMU の合同宣教事業であったことを先に指摘したが、次々と優秀な宣教師が集められていた日本で、A. A. ベンネットは是が非でも日本人の伝道者を育てる神学校を設立すべきだと確信していたし、リバイバルによる教勢拡大も始まって、今こそその発展に ABMU の後押しが必要だと考えていたに違いないのである。そして、こうした要請については正当な評価が下され、必ずや支援の手が差し伸べられると信じていたことがうかがわれる。しかし、支援はなかった。そこで一度開設した神学校で教え始めていた宣教師たちは無給で講義を担当し、自分の活動費や時には自分の生活費、私費を充当してもこれを継続することとなったわけである。[54]

5．C. H. カーペンター ABMU 人事刷新『請願書』との関係

　日本ではこれまであまり詳しく紹介されてこなかったが、ビルマ（Burma 現ミャンマー、Union Myanmar）のバセイン・スゴーカレン・ミッション（Bassein Sgaw Karen Mission）で、1875 年 3 月から 1880 年までの 5 年間、自給宣教活動に専心し、アメリカ帰国後、ABMU の中央集権的な組織運営を批判した宣教師に、C. H. カーペンター（Chapin Howard Carpenter, 1835-1887）という人物がいた。[55]

　C. H. カーペンターといえば日本では直ぐに明治期に北海道根室伝道を志し、極寒の地でアイヌ伝道を目指しつつ、来日僅か 5 ヶ月で死没してしまった「悲劇の宣教師」の話を思い出すかもしれない。ところがそのカーペンターは、1883 年、ABMU の運営実態を鋭く批判して、当時の ABMU 通信担当書記の無計画性、また情報の不透明性と各宣教地での協議を公正に行っていないという 2 点を主なる理由とし、通信担当書記の解任（更迭）を求める『請願書』（a petition）を作成し、同年 1 月 1 日に ABMU 理事会宛てにそれを提出していたのであった。

　ところが驚くべきことに、そこには当時の ABMU の全宣教師の過半数を超える 55 名もの署名が記されていたのであった。[56]この事実は C. H. カーペンターの 1886 年の著書『宣教経済学研究：フランクリン・ジョンソン師に

よる「宣教における自助努力」ほか』（*Studies in Mission Economics; including "Self-help in Missions" by Rev. Franklin Johnson*）の 272 頁以下に明記され、その『請願書』の全文がそこに収録掲載されていた。以下がその文面である。[57]

「ABMU 理事会の皆様、親愛なる兄弟へ。規則上、海外宣教師がその活動において自らの指導者や助言者である役員の皆さまに対し、自らの考えを表明できる方法はまったく提供されておりませんでした。しかし宣教師の必要性、福利、評判が通信書記の手に委ねられることが極めて大きいならば、宣教師自らも、何らかの表明をさせて頂くことは当然許されることかもしれないと私たちは考えたのです。さらに通信担当書記が海外で行う仕事の計画の知恵と認識不足、通信の親密さとその矛盾、個々の宣教師との取引の正義と不義は宣教師だけが知っている事実であり、この宣教師の意見には特別な価値があり、時にはそれを尋ねてみる必要があるのではないかと思うのです。それはともかく、私たちは同盟宣教師である以上 ABMU の終身会員であり、全員が同盟への献身者であり一クリスチャンの男女であると同時に、北部バプテストの奉仕者であることを忘れては困るのです。現職通信担当者の過去の功績や多くの優れた資質を損なうつもりはなく、個人的な憤りや不満に駆られているわけでもないのですが、任命権を持つ皆さま方に敬意を表しつつ、しっかりとお伝えしたいことは、以下の事柄が、私たちが捧げてきた大義にとって最高の利益になるとの確信があってのことであります。私たち、すなわち異教徒の土地におけるキリストの王国の拡張と建設に仕える者は、現在の通信担当書記の職を直ちにとは言わないまでも早期に変更することを要求致します。私たちは、名誉ある兄弟たちと共に自分自身の名をここに連ね提出致します。　誠意を込めて。以下署名。C. H. カーペンター、その他 16 名のカレン担当宣教師。A. T. ローズ（A. T. Rose）、及び他の 9 人のビルマ担当宣教師。A. ラウリッジ、（A. Loughridge）及び他の 14 人のテルグ担当宣教師。M. ブロンソン（M. Bronson）、他 8 名のアッサム担当宣教師。N. ブラウン、他 3 名の日本担当宣教師、合計 55 名。」

　このような『請願書』を一宣教師が同盟本部に提出したという事実だけでも驚くべき出来事であったが、問題はそこに、横浜からも 4 人の宣教師が署名していたという事実であった。[58] 残念ながら彼の報告には署名者全員の氏名までは記載されていなかったが、日本の宣教師 4 人の内の 2 人目はすぐに推測することができた。恐らくそれは、F. S. ドビンズであったと思われる。[59]

　これは、ABMU がこの提出文書を理事会で取り上げ審議していく過程で、執行部が 1883 年 5 月の ABMU 第 60 回年次総会前に行った公聴会（the hearing）に、わざわざ F. S. ドビンズを呼び出していたからであった。4 月 16 日と 23 日に行われた 2 回の執行委員会（公聴会）の後者の席に、当時帰国していた F. S. ドビンズ他の 7 名の関係者が召喚され、C. H. カーペンターと共に一人ずつ所見を求められていたのであった。[60] この席では処分のような決定は何も下されなかったが、「キリスト者として相応しくない行為をした」と口頭で告発されていた。[61] この問題は ABMU 第 60 回年次総会で取り上げられ審議されたが、継続審議となり、その最終決着は、翌年 5 月 26 日から開催された ABMU 第 70 回年次総会の 3 日目に延期されていた。その日は特別委員会によって審議されたが、継続議案再審の動議に基づき、委員会経過報告がなされただけで、C. H. カーペンター宣教師が「海外宣教に再考すべき問題提起をしただけ」のことであり「ABMU 組織や現職役員を非難したようなものではない」と説明され、内容審議には一切入らぬまま終了してしまった。当議案全体は今後「慎重審議の必要がある」とのローソン博士（Dr. Lawson）の表明がなされ、別の下部委員会に付託されることになり、この議案についてはそれで終わりとし、その後年次総会の議題にのぼることは二度となかった。[62] これは理事会と執行部の間で打ち合わせが水面下で行われ、実質却下という合意が出来ていたとしか考えられない議事運営であった。『請願書』の内容は紛れもなく現通信担当書記の交代の要請であったにも拘らず、その動議ともいえる要求をまともには扱わなかったわけである。『BMM』に種々報告がある中で、この委員会報告はどう見てもおかしな報告であった。この問題を長引かせず、適宜落としどころをみつけ、ローソ

ン博士にお任せして「必ず信頼される問題解決を計る」と確認しただけで終わりにしてしまった感を否めない結果であった。

　ここでC. H. カーペンターの著書から、彼が一体どのようなABMU批判をしていたのかその論点を確認しておくことは有益であろう。C. H. カーペンターは前述の通り1880年11月に彼のスゴー・カレン・ミッションを終えて帰国すると、初めは宣教報告と共に自分なりの宣教提案を繰り返しABMU執行部に伝えていたのであった。ところが予想通りこれには理事会の反応はまったくなかった。詳しくは後節で述べるが、彼の主張はこれまでにもスゴー・カレン・ミッションを担ったC. H. カーペンターの先達たちがABMUに対して再三提案を繰り返してきた事柄でもあった。そこで自分の力で訴えていくしか方法がないと考えるに至ったC. H. カーペンターは、1883年の1月にあの『請願書』を提出したのであった。ところがそれは5月の年次総会で簡単に継続審議とされてしまい、問題提起そのものがうやむやにされてしまったのであった。そこで彼が意を決して著した書物が、同年7月に刊行された『セルフサポート―バセイン・カレン・ミッションの歴史、1840年から1880年まで』（*Self-support – Illustrated The History Of The Bassein Karen Mission From 1840–1880*、以下本書を『セルフサポート』と略す）だったのである。[63]そして彼は1885年から、より読み易い5冊のトラクト（tract）を次々に発行し、最終的には1886年5月にトラクトの6を含む『宣教経済学研究』改定版まで出版して自己主張を存分に展開したのであった。C. H. カーペンターの主張は多岐にわたり、一つひとつ細かい検討を必要とするが、ここでは彼の主なる主張だけにとどめ、概観しておきたい。[64]

　第一は、何と言っても当時のABMUの宣教方策「補助金制度」（Subsidy system）の弊害についてであった。これは一言で説明すると、巨額の伝道資金を頼りに、それによって海外宣教を進めていこうとする宣教方策への批判であった。このシステムを何の反省もなく継続する限り、宣教地の教会はいつまでも自立しないばかりか、逆にそれが現地クリスチャンの自立を阻む結果につながるというのが彼の基本的な主張であった。それに代えてC.

H. カーペンターは、「セルフサポート制度」（Self-support）を提案し、自分自身の体験に基づいて ABMU の抜本的宣教方針の改革を訴えていたのであった。

　海外宣教団体が宣教に着手していく時、もちろん基本的な資金運用は必要なのであるが、宣教団体は初めから現地教会の自給独立を目指すべきなのではないかとカーペンターは考えていた。宣教師が宣教地に伝道拠点を設け、信者を集めていく中で、現地人教会を設立し、やがて現地人教会の自立を働きかけていくこと、こうしたことは今日でこそ当たり前のことのように感じられるかもしれないが、当時は「宣教師がアメリカと同じ教会を宣教地に再形成していくことがすべて」と考えられ、従って「補助金が海外宣教では一切の鍵を握る」といったような考え方が支配的だったのである。現地教会の自立、自給独立など、まだまったく念頭に思い浮かばない時代であったからである。C. H. カーペンターの議論はそこから具体化し、奉仕者をアシスタントとして現地雇用すると、信仰もないのに金銭欲しさに宣教師に群がってくる人々が出てくることや、宣教協力者を苦労して育成したとしても、その働きに給与を支払っていると、協力者と宣教師の間にいつの間にかいわゆる雇用関係が生じてしまい、あたかも現地奉仕者が宣教師の「使用人」（hireling）のようになっていく可能性があるという指摘までなされていった。そのようなシステムを続けている限り、現地の教会は次々とミッション本部に資金援助を求めていくようになり、宣教師は資金調達の仲介人のような存在と捉えられかねないと C. H. カーペンターは厳しく指摘したのであった。[65]宣教の初期段階ではもちろん宣教師が現地教会を中心に支えていくのであって、経済的にも支援せざるを得ないわけであるが、教会が成長したあかつきには現地人牧師を任職し、教会の管理を現地人会員にすべて譲り渡していく、教会を信仰的にも経済的にも、組織的にも独り立ちさせる、そうした教会形成を目指すべきだと主張してやまなかったのである。

　ところでこれらの問題は、1841 年のアメリカ・バプテスト外国宣教委員会（American Baptist Board of Foreign Missions）第 10 回年次総会理事会（Annual Report of The Board, April 29, 1841）決議に遡る「現地アシスタント

（Native Assistants）雇用方針」採択に由来するものであった。[66]この年次総会では、強力な方針として「現地人のアシスタント化」についての採決が行われていた。そこでは、「現地人の協力は、宣教活動を遂行する上できわめて重要である。初期から今日に至るまで、教会の歴史は……キリスト教世界の拡大と永続化のための力が、土着の人々の聖なる賜物のうちに宿ってきたことを十分に裏付けている。」[67]と宣言されていた。これは一見、現地人の賜物こそが神の備えられた恵み（摂理）であるとでも述べているかのように聞こえる宣言なのであるが、見方を変えれば現地アシスタントを「宣教の手段として大いに用いよ」と奨励する採択であったと言えなくもない決議であった。当時のアメリカ本国に根強く存在していた各宣教地における現地人を「未開人」と見る差別主義的な発想と表裏一体をなしていたことに注意が払われなければならない。

　高度な神学教育を施し、教会としての正規の手続きを経て牧師任職を行い、現地人伝道者（現地人牧師）を立てていくというならば、給与を謝儀として支給していくことも問題なく成立すると思われるのであるが、そうした現地人伝道者の任職（Ordination）について消極的立場を貫くならば、そのアシスタント雇用制度に伴う金銭が、今後も諸々の弊害を生み出す元凶になっていく危険性を C. H. カーペンターは見据えていたのである。現地教会の自立を促す伝道方針はバセイン・カレン・ミッションにおいては必須だったものであり、C. H. カーペンター自身が彼の先達に学んで最終的に見事な成果を収めた「折り紙付きの方針」だったからである。

　第二に、C. H. カーペンターの批判は ABMU の硬直化していた組織のあり方に向けられていた。[68]彼に言わせると、ABMU は極めて閉鎖的な組織であり、その会員はもともと献金者と多額寄付教会の代議員に限定されていたという。彼によれば ABMU には誰でも 100 ドルを献金すれば 1 年間「投票権」を持てるような仕組み（Honorary Members）があったといわれ、多額の献金教会からだけ代表が選任される仕組みになっていたという。いわば献金次第で 75 人の管理委員の資格が得られるような、バプテストらしからぬルールがまかり通っていたというのである。[69]

　具体的な彼の指摘によれば、「1879 年には 7 人が新たに選出されて 18 回の再選を果たし、1880 年には 8 人が新たに選出されて 17 回の再選を果たし、1881 年には 5 人が新たに選出されて 20 回の再選を果たし、1882 年には 6 人が 19 回、1883 年には 5 人が 20 回、1884 年には 4 人が 21 回、1885 年には 4 人が 21 回の再選を果たしていた」という。[70] この再選回数を疑義なく許すところに、この組織の腐敗の実態が見られると彼ははっきりと指摘したのであった。

　特に理事会のトップ、理事会の通信担当書記ともなると、高額の給与を報酬として受給することになり、発言権、任命権の強い立場だけに権力が集中し、いつの間にか誰もそのトップの言動、判断に反対できなくなってしまうことが容易に起こり得る体制になっていたという。

　そして第三に、現在の ABMU が、宣教師各人と結ぶ規定（定款）の不備問題がそこにはあった。

　1874 年 5 月 23 日に改定された「会則」（the constitution）によれば、「すべての労働者は、執行委員会に対して直接責任を負うものとみなす。宣教師とその妻は、米国の福音主義的労働者と本質的に同じ立場にあると認められ、その権利を有するものとする」となっていたが、C. H. カーペンターによれば、これこそは宣教師を ABMU の「従業員」（employee）とみなすような規則であったと指摘していた。宣教師はその都度、執行部と交わした契約に基づき、個々に決められた仕事を行い、給料と手当を受けるだけの話であり、これは一方的に執行部に有利な規則でしかなかったと述べていた。[71] 執行委員会は「すべての宣教師を任命配置し、その報酬を定め、職務遂行の指示を与える義務を負う」と規定されており、「執行委員総数の内、7 人の合意があれば」、「いかなる理由があろうとも宣教師を解任することができる」と定められていたというが、最終的にその判断に可否を下すのは通信担当書記であり、ABMU の実質的な権力構造のトップに通信担当書記が存在していたのである。もちろん、そうした長官的役割を担う者こそが下部組織や各宣教師の声を丁寧に聴き、最良の配慮をもって組織に仕える役割を負う存在だった筈であるが、それが出来ていない仕組みの改革を C. H. カーペン

ターは求めていた。

　仮に不当と思われる解雇があったとしても、それを表明するいかなる手立ても一宣教師にはなかったというのである。死亡した宣教師の見舞金にも規定がなく、帰国後の保障も、病気の治療も、未亡人や子どもについての申し合わせもなく、その采配はすべて理事会執行部の一存によっていたという。[72]

　実名は出していないがC. H. カーペンターは、海外に派遣されたものの、健康上の理由で当初期待された働きができなかったような宣教師に対して、「資格剥奪のような処分」とも映る「期限付き帰国命令」が出されたり、帰国時に「帰国後手当」を約束されていたのに一切支援がなされず、名誉を回復できずにいる善良な元宣教師がアメリカに存在すると指摘し、扱いの不公平さについても言外に指摘していた。[73]

　日本へ宣教師として二回渡航したF. S. ドビンズ夫妻が当てはまるなどと軽々には言えないことであるが、F. S. ドビンズの場合、第一回目の来日後すぐに夫人が健康を害し、1876年の10月27日に来日し、約10ヶ月の滞在のみで翌年9月9日に急遽帰国を余儀なくされていた。記録によれば、F. S. ドビンズの場合は、一回目は一時帰国扱いではなく宣教師辞任という形をとっていた。夫人が来日して日浅く体調を崩したため、帰国できる健康回復だけに時をついやすことになり、自責の念を抱いていたかもしれない。F. S. ドビンズには給料が952.38ドル（10ヶ月分）と家賃を含む宣教活動費が685.70ドル、夫人への支出が1,361.31ドルの初年度支援がABMUからなされていたが、ほとんど宣教活動らしい活動はしないままの帰国となったからである。二度目の挑戦は1881年から始まったが、翌年の12月2日に日本を再び離れており、今度は宣教師の病が原因での撤退となっていた。二度目の渡航に際してはドビンズの年俸は833.33ドル、家賃を含む宣教活動費が323.15ドル、夫人と家族（子ども3人同伴）の渡航費と諸経費に1,535.07ドルが支給されていた。また1882年に入ると1,141.55ドルが用意されたが、二度目もほとんど思い描いていた宣教活動は何もできないまま家族そろって帰国していた。[74]

　F. S. ドビンズは帰国後 3 冊の海外宣教に関する良書を出版したが、ABMU からの評価は低いものであったことが推定される。[75] 実際宣教活動には内容がなかったことを大島良雄も『バプテストの横浜地区伝道　1873-1941 年』の中に記していた。[76] 彼は帰国後の 1883 年 3 月まで 222.33 ドルの支給（the customary）を約束されていたが、これを帰国後受給できたのか否かは不明である。[77] この F. S. ドビンズの場合は、一度目の実績がなかったために二度目の渡航の際は当然給与などは減額されていた。

　また C. H. カーペンターは総じて宣教師の希望にあまり耳を傾けてくれない本国執行部の姿勢を問題視していたが、1883 年 5 月 23 日の公聴会では 2 人の執行委員から「宣教師が理事会に請願書を提出する権利はない」と一喝されたことを報告していた。特に注目すべき部分は、その翌 24 日の夕刻、執行部の委員会が「通信担当書記の役割の重要性とその信頼性を繰り返し述べるばかりで、『請願書』に名を連ねた（勇気ある）人々を徹底的に攻撃した」とある箇所であり、普段から多くの人々に尊敬されているような著名な牧師までが「『請願書』に署名した多くの宣教師の過去の経歴や性格を暴露した」と書き、ある委員は署名者たちを「痛い頭、死んだ頭、そしてフィギュア頭（figure-heads〔人形頭〕）」と笑いものにしたと記していたところであった。また別の牧師は「通信担当書記を攻撃した人々の行動の卑劣さと道徳的な悪らつさについて、熱弁をふるった」、また後日、通信担当書記は『請願書』署名者の一人に対し、「6 ヶ月以内に全員が自分のしたことを後悔することになるだろうと言った」と恫喝したことまで報告し、こうした批判を一切許さない威圧的な執行部の早急な体質改善の必要性を力説していたのであった。[78]

　なお、この『請願書』が ABMU に届いた当時の ABMU 内部の様子を記した大変興味深い話が、1883 年の『BMM』Vol. 63 に、「サラトガ開催、第 69 回年次総会」（5 月 24 日）の記事として残されているので紹介しておきたい。実はこの時の詳しい経緯や真相は明らかではないのだが、C. H. カーペンターの『請願書』が ABMU の執行部に届いた約 4 ヶ月後、5 月 10 日発行（と思われる）『ニューヨーク・ヘラルド』紙（New-York Herald）が紙面に

「ABMU の財務管理運営批判」記事を掲載したというものであった。それは「宣教師の手紙や執行委員会への回覧書簡、および執行委員会から宣教師への回覧書簡からの抜粋」による編集記事であり、そこに「故会計担当者が同盟の資金を自分のために充当したという間接的な指摘、若しくは ABMU 役員の一人の不正株式投機疑惑」がスクープされていたというものであった。[79]

　報告書はその嫌疑を誤りであるとした E. C. フィッツ（Eustace C. Fitz）の宣言で始まり、当時の会計事情を知る A. T. ローズが告発された嫌疑に反論するという内容であったが、『ニューヨーク・ヘラルド』紙編集長への抗議書簡に始まる長い論文がそこには掲載されていた。スクープされた嫌疑内容はビルマとインドの宣教師が 1874 年から 1879 年までの 5 年間に ABMU に預けた 50,000 ドルの資産が 1880 年の年次報告には消えて以後説明が全くないというもので、関係者の不正横領、または同盟役員の不正投機があったのではないかという指摘であった。横領嫌疑をかけられた人物は元会計の F. A. スミス（Freeman A. Smith）であり、不正流用の嫌疑をかけられたのは、名指しはされていないのであるが紙面からは、最終責任者は組織のトップではないかといった仄めかしがあり大問題となっていた。会計監査と、疑惑解明、弁明が繰り広げられ、最終的にはこれらの嫌疑に不正は一切存在しなかったという執行部宣言で終わる報告書が記載されていた。

　そもそもこのような情報がどのようにして『ニューヨーク・ヘラルド』記者の知るところとなったのかも定かではないが、実はこの問題は A. T. ローズによれば「ある人物から 1879 年来質問がされてきて、その都度適切に答えられてきた問題であった」というのであった。この質問当事者の氏名は伏せられているが、『BMM』報告をたどっていくと、他ならぬ C. H. カーペンターが問い合わせと会計処理問題を訴えていたのであり、『ニューヨーク・ヘラルド』記者はすでに公表されていたそうした記事をみつけて、このスクープを取り上げ掲載したと推測することもできる。

　『請願書』を真剣に提出していた C. H. カーペンターにしてもこのタイミングでのこのようなスクープは逆効果でしかないので、C. H. カーペン

から仕掛けられたものでなかったことは明らかであった。しかし ABMU の執行部は、この記事の発端をなした宣教師と関係者のことを「邪悪な攻撃者」と呼んで批判し、その批判を「断固認めない、糾弾する」と宣言したのであった。これは誰も予期せざる出来事であったが、『請願書』署名者たちにとっても思いがけない逆風となったことは否定できない。[80]

　さて日本の宣教師がこの『請願書』に 4 名署名したということであったが、他に一体誰が署名したと推測されるであろうか。N. ブラウンが筆頭に署名していたのだから、残るは 3 人である。1882 年時点で N. ブラウンの周辺に存在していた宣教師を想い浮かべてみればよいわけである。1882 年であれば宣教師は限られていた。男性主要宣教師は来日順に繰り返すと、J. ゴーブル、J. H. アーサー、H. H. リース、T. P. ポート、A. A. ベンネット、先にあげた F. S. ドビンズであったが、J. ゴーブルは 1873 年の末に助手殴打事件で ABMU を離れ独立伝道に移行して袂を分かっており、1883 年には帰国していた。[81] J. H. アーサーは東京で活躍したが健康を害して 1877 年に帰国してすでに日本にいなかった。H. H. リースは 1882 年在日したが、彼は 1881 年には徳島伝道に赴いており、1882 年には神戸播州伝道で多忙な日々を送っていた。すると 4 人の存在は自ずと明らかになる。独身女性宣教師たちがそうした署名に加わらなかったことを勘案すると、すでに東北で日本人伝道者を育て、日本人伝道者養成に積極的姿勢を唱えていた、T. P. ポート、それから A. A. ベンネット、そして F. S. ドビンズらの京浜地区宣教師会の 1882 年度在留メンバーである。この当時は東日本と西日本に宣教地区が二分されていただけで、横浜が宣教師会の中心的位置を占めていた。バプテスト神学校設立時の創設者のひとりとなった C. H. D. フィッシャーは来日が 1883 年 3 月であるから除くと、間違いなく署名者筆頭者が N. ブラウン、そして T. P. ポート、A. A. ベンネット、F. S. ドビンズの 4 人であったことが推測されるわけである。そうであるとすると、その署名が C. H. カーペンターの下に届き、1883 年 1 月に ABMU 理事会に送付され、同年 5 月の ABMU 第 69 回年次総会で公になったのであれば、以下はあくまでもひとつ

の仮説であるが、こうした『請願書』の影響が神学校財政援助要請の判断に何らかの形で悪影響を及ぼし、作用した可能性も想像されるわけである。先ほど来のC. H. カーペンターの報告していた理事会執行部の「激しい怒り」を考えると、また『ニューヨーク・ヘラルド』のスクープ事件も考え合わせると、日本からの署名者に対しても決して良い印象は抱かなかったに違いないと思われるからである。

　すでに見たように、再三にわたる神学校財政援助の要請にも拘らず、要請を却下し、1894年まで10年間ゼロ解答を貫いたのであるから、神学校設立に関しては制裁とまでいわなくとも、無視、若しくは放置したと見ることも検討してみる必要がありそうである。これは勿論予断を許さぬことであるが、決して無関係であったとも言い切れない出来事であったと考えられるからである。事実ABMUは神学校に予算を組まなかったからといって、日本ミッションを見放したわけではなかったし、1883年以降も次々と有能且つ献身的な宣教師を日本に送り込んでいたのであった。しかし、A. A. ベネットが校長時代、客観的に神学校運営とその成果と窮状について彼がいくら言及しても、その報告が『BMM』に記載されても、神学校への積極的評価はあまり見られず、神学校援助の形では「補助金」は本当に一銭も拠出されなかったのである。[82]髙橋楯雄は『日本バプテスト史略』上巻に要請は「聴かれなかった」、それを「許さなかった」と表現していたが、『A. A. ベネット研究』を著した高野進は「アメリカン・バプテスト・ミッショナリー・ユニオンはこのための財政援助を拒否した」とまで明確に記していた。[83]「拒否した」という表現は穏当な言葉使いとは言い難い。

　1885年7月に行われた第71回年次総会の各宣教地報告の中に「日本宣教報告」を担当したオンタリオ（Ontario）のP. S. モクソム（Rev. P. S. Moxom）委員長の以下のような記事が残されていた。

　　「この1年間、日本における同盟の活動は、特別な感謝を要するほどの成功を収めた。私たちの宣教師がいる4つの拠点では、1,009人の現地人がバプテスマを受けた。聖書の印刷と配布の事業はこれまで以上に精力的に、かつ優れた方法で行われている。現地人の伝道者を養成するた

めに、横浜に神学校が設立され、最初のクラスには６人の有望な青年が在籍している。もっともこの１年間の成果は喜ばしいものであったが、日本におけるキリスト教宣教拡大の大きな機会が到来しているにもかかわらず、私たちはこの機会にほとんど何も応えられていないことを痛感するものである。日本人は、キリスト教の歴史上、他に類を見ない経験をしている。3,200万人の国民が、迷信と無知の束縛を振り払うためにまるでひとつの意志につき動かされているかのように変化してきた。『東洋のヨーロッパ人』と呼ばれるにふさわしい、クリスチャンの文学、科学、文明、宗教を、かつてないほど歓迎しているのである。日本は戦略的な場所でもある。日本をキリスト教化することは、アジアの異教徒の全勢力に対する側面作戦を実行することになるのである。今という機会を逃すことはできない。私たちは執行委員会が、同盟の業を組織された軍隊を送り込むように日本に集結させるべきであると考えるものである。人々が古い文明から新しい文明へと発展するのは非常に急速であり、神のみ言葉を日本に届けることが遅れたり、緩慢になったりすることは悲惨であると同時に罪深いことである。そこで貴委執行部に対し、私たちは以下の事柄を勧告するものである。

　　1　横浜の神学校が、可能な限り速やかに完全な形でその仕事に必要な設備を整えるよう努めること。
　　2　日本語訳聖書の出版と配布に、特別に重点を置くこと。
　　3　日本におけるすべての宣教活動を、たとえ同盟の他の地域での活動を後回しにしたとしても直ちに拡大すること。」

　この報告書は、マサチューセッツ州のF. ジョンソン博士（F. Johnson, D. D.）とP. S. モクソムが交互に質疑を交わした後、議場で議決されたとはっきりと記されていた。[84]しかし議決はされたものの、3点の議決事項の内2と3は実行されたが、明らかに神学校の支援案件に関しては、理事会も執行部もその実施には踏み切らなかったということになるのである。

　C. H. カーペンターの提出した通信担当書記更迭の『請願書』と、神学校

財政援助問題が関連していたかどうかの判断は慎重に行うべきだと述べたが、この勧告が1885年の年次総会で議決されていたとなると、日本の神学校財政援助を執行部が行わなかった明確な理由が本来ならばなければならない筈である。現地宣教師会が懸命に努力し要請していたのに、そして1885年の年次総会ではこのような議決まで総会で採択されていながら、一体いかなる理由で、ABMU理事会はN.ブラウンやA. A.ベンネットらの神学校財政援助に応えなかったのであろうか。『BMM』のその後の報告の中に、その理由説明をいくら探しても関連記事を見いだすことはできない。ただひとつ残されていた注目すべきA. A.ベンネットからの応答は、1886年第72回年次総会報告における次のような悲痛な叫び声であった。「神学校は苦闘を続けている。フィッシャー氏と私は、互いに可能な時間を割いて、毎日5時間の授業の時間を作りだしている。」[85)]

　　1884年の神学校創設時には、C. H.カーペンターの著書『セルフサポート』も横浜に届いていたことが推測されるが、実はそれよりもはるか以前から、C. H.カーペンターが訴えていた宣教論は広く知れわたっていたものであった。そこで次に、ビルマ宣教におけるセルフサポート宣教論の内容とその歴史的始まり、その展開をさかのぼり、『請願書』へのN.ブラウンらの同意や署名が、そもそもどのような背景からなされたものか、今度は少し別の角度から問題を考察してみたい。

6．ビルマ宣教におけるセルフサポート宣教論の歴史的始まりとその展開

　　周知の通りABMUのビルマ宣教は1813年7月のアドニラム・ジャドソン（Adoniram Judson, 1788-1850）によるビルマ、ラングーン（Rangoon）伝道から始まった。数年間の準備期間を経て1819年に最初の宣教拠点を構築すると、A.ジャドソンは5ヶ月でビルマ人初の改宗者マウン・サウ（Maung Sau）を獲得した。A.ジャドソンは1822年までにビルマ人18人にバプテス

マを授け、ビルマ教会（Burmese Church）を設立、教育事業、聖書翻訳など
を行い、現地アシスタントの手を借りてビルマ人、言語を持つカレン人、そ
の他の人種を含む比較的大きなバプテスト・コミュニティーを形成するまで
広範に伝道活動を進めていった。[86] ところが英国によるいわゆるビルマ侵略
戦争、「第一次英緬戦争」（First Anglo-Burmese War, 1824-1826）が勃発する
と状況は一変した。A. ジャドソンは英国のスパイ容疑でビルマ政府に逮捕
され、1824 年に収監されると 21 ヶ月間残酷な拷問を毎夜受け続けた。妻ア
ンの機転を利かせた交渉により拷問からは救われたが、劣悪な環境の独房生
活が続き、釈放されても A. ジャドソンはビルマ政府の通訳として働かさ
れ、直ぐに自由の身には戻れなかった。やがて解放されアマースト（Am-
herst）に移り伝道活動に復帰したものの、体調はすぐに元に戻らず苦しみ
のたえない生活が続いた。[87] また 1826 年の 12 月、妻アンが天然痘の合併症
で急死したため、彼は精神的にも疲弊していった。

　そこへ A. ジャドソンを応援する目的でジョージ・ダナ・ボードマン
（George Dana Boardman, 1801–1831）宣教師夫妻が 1827 年にモールメイン
（Maulmain）に送り込まれた。G. ボードマン夫妻は翌年タヴォイ（Tavoy）
に宣教拠点を築いている。[88] もうひとり、A. ジャドソンと共にビルマ入りし
ていたジョナサン・ウェイド（Jonathan Wade, 1798-1872）がいた。彼は開戦
時運よくビルマ政府の拘束を逃れ、戦時中はカルカッタに逃れ聖書翻訳に従
事していた。そのウェイドが 1827 年からビルマ入りし、モールメインに向
かい、[89] ジャドソンやボードマンらと連絡を取りつつ伝道を再開したので
あった。A. ジャドソンは愛する家族を失いすっかり気落ちしていたが、
1828 年ウェイドたちのいるモールメインに歓迎されると次第に元気を回復
していった。[90]

　さてこうした状況の中で、先ずタヴォイで G. ボードマンが同年 5 月に、
カレン族のコータービュ（Ko-Thah-Byu）にバプテスマを授けた。コーター
ビュは現地人アシスタントとして雇用された若者に過ぎなかったが、A. ジャ
ドソンが彼を親身になって助けたこともあり、宣教師との穏やかな共同生活
の中で彼自らクリスチャンになることを願い出てバプテスマを受けたのだっ

た。宣教活動は戦後、著しい成果はほとんど上げていなかったが、このコータービュの受浸の出来事から予想外の展開が始まっていった。[91]

　それはある日突然訪れた。G. ボードマン夫妻（妻サラ、Sarah）がタヴォイに住み始めて3週間たったある夕方、2人の家の前に30人のカレン族グループが、噂をきいて新任の宣教師夫妻を尋ねてやってきたのであった。3日かけて来たという彼らの代表エーピヤ・シー（A-Pyah Thee）によれば、1818年頃にカレン族を訪れた1人の人物がいて、その人から熱心にキリスト教についての教えを聞き、その人物は話終えるとまたそこを去ってしまったというのであった。[92]村人の半数はキリスト教の話に馴染めず、反対者も少なくなかったというが、年老いた一族の預言者であったというエーピヤ・シーは、その後10年以上もその教えを大切にし、仲間にそれを伝え続けてきたと語ったという。そしてキリスト教信仰について、G. ボードマンが自分たちにその信仰のことを教えられるかと問いただし、立て続けに質問して、いつかあなたに自分たちの村に来て色々と教えて貰いたいのだと申し出たというのであった。G. ボードマンはしばらく彼と話した後、ビルマ語の伝道冊子を手渡し、これで他の村人にあなたの口から話すようにと勧め、それを持ち帰らせたという。初めはG. ボードマンはカレン族に全く関心がなかったというが、彼らが去ってしばらくすると、急に不思議な感覚に捉われたという。つまりそれは、もしかするとここに、自分たちが真に伝道すべき相手がいたのではなかったかという思いであった。それはあたかも、天から降ってきた恵みのように彼には感じられたという。[93]

　A. ジャドソンの時代から、ビルマ伝道の対象者は専ら仏教徒ビルマ人のみと考えられていた。カレン族には当時二つの大きなグループがあったが、一方は上座部仏教に帰依し、言語を持ち比較的文化的生活を営んでいた。[94]他方の大多数のカレン族は自分たちの言語を持たなかったという。仏教信仰を持っているということは、彼らが宗教的であることを意味しており、キリスト教信仰も受け入れやすい人々であると考えられていた。それでG. ボードマンも初めはビルマ語伝道しか視野になかったというのである。

　元来カレン族の多くは、19世紀初頭、半遊牧民族としてビルマ社会の周辺に住み、自分たちだけの言葉は話せたものの文字はなく、字を読める者はほとんどいなかった。その地域はもとより争いが絶えず、よい耕地も広くはなく、飢饉が頻発する貧しい地域で、多くのカレン族は言葉を持ちたいと長年望みながら、ビルマとシャム（タイ）の両方から離れた低地に暮らし、文明と隔絶したような別世界に生活していた。[95]それで交わりを持たないビルマ人とシャム人からは野生の「野蛮な民」とみなされ、時には拉致され奴隷にされたり、誘拐、殺人、強姦、時には理由なく村ごと焼き払われるような仕打ちを幾度も受けてきた民であった。社会的、経済的、地位も地盤もない少数民族に、宣教師たちは初めから手も足も出せなかったのである。

　12日後のこと、エーピヤ・シーの村からアヒルの卵14個を持参した3人の若者がボードマンのもとに帰ってきた。彼らは宣教師と共に現地人コータービュが暮らしている姿を見て憧れ、自分達にも信仰と言葉を教えて欲しいと改めて懇願したという。この出来事がきっかけとなりカレン族への伝道が始まったというのである。すると思いがけない展開がそこには待っていた。[96]

　この民は猛烈な勢いで言葉を学習し、信仰を素直に受け入れ、自分たちの手で、自分がG.ボードマンらから学んだ信仰を、まだ知らない人々へと伝えていくようになったというのである。こうしたことが発端となり、1828年に初の「カレン族宣教ツアー」がコータービュを中心に計画されていった。[97]1831年の9月にはジャドソンもモールメイン周辺の山間部にある未踏のカレンの集落にコータービュに案内され足を踏み入れている。

　G.ボードマンはカレン族宣教のきっかけを作ったが、その結果を見ない内に病で他界してしまった。そして1831年、その後をバプテスト宣教師で著名な博物学者でもあったフランシス・メイスン（Francis Mason, 1799-1874）が受け継ぎ、タヴォイで初めて積極的に現地人の基礎教育を手がけていった。[98]この時、J.ウェイドがスゴー・カレン語の言語体系を考案し、分かり易い文法書（The Karen Thesaurus）などを作り、聖書の翻訳を敢行したことが大きな役割を果たした。[99]F.メイスンらは福音を伝える見込みのありそ

うな人々に新しいスゴー・カレン語とビルマ語を熱心に教えたため、カレン
の人々はそれだけで心から喜び、バプテストの宣教師たちに心からの信頼を
寄せるようになったという。F. メイスンはスゴー・カレン語とポー・カレ
ン語（後の Pwo-Karen 語）を駆使し、基礎の基礎から知識と信仰を教えて
いった。[100]1839 年時点でビルマ人受浸者が 173 人であった時、カレン人受浸
者は 1,190 人に及んだという驚くべき報告を彼は感動を込めて記している。
F. メイスンは聖書翻訳作業を継続し、1853 年までタヴォイで働き、タングー
（Tangoo）へ活動拠点を移すとそこで体調を悪化させアメリカに帰国してい
る。カレン族宣教を本国に伝えたコータービュの働きを綴った『カレンの使
徒』（*The Karen Apostle*, 1846）をタヴォイで執筆し、G. ボードマンや J. ウェイ
ドが築いた教会や学校に F. メイスンは計り知れない貢献を残していた。[101]

　さて次に注目すべき働きを担ったのが、他ならぬ若き宣教師エリシャ・
L・アボット（Elisha Litchfield Abbott, 1809-1854）であった。E. L. アボット
は 1835 年ビルマに赴任したが、1837 年から、すなわちビルマ政府がカレン
族に弾圧を加えている最中に、マウビー（Maubee）、パンテナウ（Pante-
nau）、タヴォイを経て 1840 年にはアラカン（Arakan）のサンドゥエイ
（Sandoway）からバセイン（Bassein）に移り、そこでバセイン・ミッション
を本格的に始めた注目すべき宣教師であった。[102]E. L. アボットはこの地で、
自らの体験から温めてきた独自の「セルフヘルプ」（Self-help）論への考え
を深め、やがてそれを実践していくようになった。[103]
　カレン族が自分自身で福音を同胞に伝えていく話は、G. ボードマン時代
からの出来事として着任前から伝え聞いていた。そして E. L. アボット自身
もラングーン滞在中、数人の現地人の若者を訓練し、周辺の村々に彼らを派
遣して 40 人以上の改宗者の報告を持ち帰らせるという素晴らしい伝道成果
を体験していたのであった。1837 年ビルマ着任以降、マウビー（Maubee）、
パンテナウ（Pantenau）では 323 人の改宗者を与えられ、サンドゥエイに
移ってからは 6,000 人を超える改宗者を彼は獲得していた。そうした積み重
ねの中で、E. L. アボットはアシスタントとして働く現地人奉仕者の賜物を

より有効に用いて伝道することが可能であり、必要であると考えるようになり、伝道者を育てる学校を作り30人を超える学生に伝道者訓練を施していった。彼は現地人アシスタント、奉仕者に伝道者の心構え、その働きの内容、伝えるべき福音、説教の作り方など、初心者にも分かるように訓練を始めた。そしてそれを継続する内に、彼はついにそうした役割を十分に果たせる人材を見出すことができるようになっていたのである。1841年頃から、彼は現地人伝道者の、「教会としての認容」問題について真剣に考えていたといわれる。ABMUの方針は当時もアシスタント雇用方針を変えておらず、現地人奉仕者への任職など提案しても大反対されることが初めから分かっていたからである。実際 E. L. アボットは、カレン族の宣教報告と共に、この現地人伝道者任職の可否についても打診したことがあったが、その返事は消極的で懐疑的な返事しか受け取ることができなかった。しかし熟慮の末に、彼はカレン族宣教成功の動かしがたい実績と、自らの「セルフヘルプ」の宣教論に基づき、ついに現地人伝道者、牧師の任職式を自らの責任において実施する決意に至ったのであった。1842年に、彼はプレー・ポー（Bkeh Po）とミャット・キャウ（Myat Kyau）の2人に按手を伴う任職式を執り行い、二人を牧師として正式に共に働く仲間とした。するとこの二人の現地人牧師は E. L. アボットの期待以上に働き、1844年までに2,039人の受浸者を獲得したのであった。

　翌年 E. L. アボットは疲労の重なった妻の急死により一端アメリカに帰国するが、再びサンドウェイに復帰すると、彼はカレン族の能力を信じ、「現地人アシスタントの会」（a meeting of the native assistants）を開催すると、[104]「福音宣教の訓練を積んだ優れた力を持つ者にはさらに教育を施し、優秀な成果を修めた人には正式に伝道者の資格を与える」こと、またそうしたことを通して将来、現地の人々の力で「スゴー・カレンの教会」を自立させていくという幻を周囲の宣教師や現地人スタッフに披瀝していったのであった。なんとなれば、E. L. アボットが一時帰国している間に、2人の牧師と残した未任職の伝道者たちは23人から38人に増えており、教会員数は驚くべきかな5,000人へと増加していたからであった。

　この時期にもうひとつ重要な出来事が起こっている。1850年のことであったが、アボットの尽力により夢にまで見た「バセイン・ホーム・ミッション協会」(Bassein Home Mission Society) が設立され、議長に E. L. アボット、書記に1846年にビルマに着任した宣教師 J. S. ビーチャー (John Sidney Beecher, 1820-1866)、会計に1849年にアラカン・ミッションに派遣された宣教師 H. L. ヴァンメーター (H. L. Van Meter) らが選出され、協力してアボットの「セルフヘルプ」論による宣教組織を作り上げたことであった。[105]このホーム・ミッション協会は、E. L. アボットの指導により形成されたもので、アメリカの宣教本部の資金に頼らず、自給教会形成を目指す相互協力関係機関、いわゆる地方連合 (Association) そのものであった。この地方連合の設立により、それまで宣教師が実施してきたアシスタント雇用方針は一端中断し、現地教会は貧しくても自分たちの手で（献金によって）牧師を支え、伝道や会堂建築、教育などの事業も共に助け合って行うシステムが初めて産声を上げたのであった。もちろんアメリカ本国（ABMU）からの支援や宣教師の指導の下にではあったが、全面依存態勢を正され、本来のバプテスト個別教会と地方連合のあり方を果敢に目指す信仰共同体がここに誕生していったのであった。これに関する理事会報告は長く詳しく行われ、カレン族へのサンドゥエイ、バセイン一帯で行われてきたそれまでの伝道成果は ABMU で大変大きな驚きと賞賛をもって受けとめられていった。[106]

　次のような1851年の「ビルマ委員会」(The Committee on Burman Missions) 報告（H. マルコム〔Rev. H. Malcom, D. D.〕による）が残されている。

　　「このミッションの全歴史は、野蛮な人々、しかし純真な心を持つ人々の間での福音の勝利の記録であり、使徒時代以降のキリスト教会の最も輝かしい時代においてさえ、めったに記録されることのなかったものであった。……また当委員会は、私たちの教派で長い間大切にされてきたこれらの単純な組織が、私たちの宣教師が異教徒の間に植えた新しい教会に拡大することを喜び、またこうした地方連合組織から最も重要で有益な成果が得られることを期待してやまないものである。」[107]

　E. L. アボットはバセイン宣教が少しでも進展することを夢見て希望に燃えて働いたが、そこに再び水をかけるように第二次英緬戦争（Second Anglo-Burmese War）が 1852 年 4 月に突如始まり、E. L. アボットらはインド人傭兵セポイ（sepoy）による熾烈な攻撃にさらされ、教会形成も風前の灯のごとく吹き飛ばされそうになった。礼拝は中断され、村や教会も焼き討ちに遭い、人々は英国正規軍と傭兵部隊、そしてビルマ政府軍の両方から甚だしい戦禍を被ることになったのであった。しかしこれらの苦難にも拘らず、福音によって E. L. アボットのまわりに集まっていた人々は希望を持ち続け、苦しみに耐え、再び教会再建に向かったのである。

　約 9 ヶ月続いた第二次英緬戦争の結果、ビルマは南部ラングーン、ペグー（Pegu）をはじめとする下ビルマ一帯をすべて英国に併合されてしまったが、このビルマの英国領土化によって、別の意味で新しい状況がそこに生み出されていった。戦後、とりあえず安定した時代が訪れると、カレン族の人々はこれまで以上に安全に暮らすことができるようになったからである。スゴー・カレン・ミッションは再び生気を取り戻していった。ただし 1851 年以降、健康状態を悪化させた E. L. アボットは、疲労が重なり体調を崩し、1853 年 1 月に帰国することになるのであった。しかしアボットの薫陶を受けた J. S. ビーチャーがアボットの後を力強く継いでくれた。そしてその J. S. ビーチャーの後を B. C. トマス（Benjamin Calley Thomas, 1820-1868）が支え、そしてあの C. H. カーペンターが、1868 年以降、見事に引き継ぐことになったのであった。[108]

7. スゴー・カレン・ミッション宣教師たちが提起した問題の本質

　E. L. アボットは、前述のように神学的訓練を受けた現地人伝道者に按手礼（Ordination）を施してよいか、初めはその判断を再三にわたり ABMU の前身、トライエニアル・コンヴェンション（アメリカ・バプテスト外国伝道総連盟の三年ごとの総会）の「アメリカ・バプテスト外国宣教委員会」（American

Baptist Board of Foreign Missions）に打診していた。[109]しかしこの件に関しては明確な回答は得られなかった。そこでE. L. アボットは現地宣教師会にて協議を重ねた上、ついにバプテスト教会の自治性（autonomy）と「バセイン・ホームミッション協会」に集められたカレン族諸教会の個々の独自の「教会的権能」（Authority of individual churches）に基づき、アボット自らの責任で任職式挙行を決意し、その執行に踏み切ったのであった。この事実は「アメリカ・バプテスト外国宣教委員会」に直ちに伝わったが、この現地判断への対応は先に述べたように緩慢であった。ところがそうした状況下、アボットとバセイン・カレン宣教に深い関心を抱いていた「ビルマ委員会」の一委員がアボットに同情し、H. マルコムを責任者とする年次総会報告に（おそらく複雑な意図を持ちつつ）「エリシャ・L・アボットからの手紙」を取り上げたのであった。その記事が一度『BMM』に掲載されると、E. L. アボットの「セルフヘルプ」論と特にその「現地人牧師任職問題」はクローズアップされ、それこそ世界のすべての宣教師たちの知るところとなったのである。

　ここで、E. L. アボットの現地人伝道者任職の報告を『BMM』の中から確認しておきたい。E. L. アボットはカレン族宣教の成功について、1844年の7月の『BMM』年次報告に次のように熱意を込めて記していた。

　それによると、先ず今現在、モールメインには8人の現地人伝道者とアシスタントが存在し、アマーストには6人の現地人伝道者とアシスタントが、シェティングスビル（Ccetthingsville）には1名の現地人伝道者と3人のアシスタントが、ニュービル（Newville）など7つの拠点には4人のアシスタントがおり、学校で働く教師・伝道者を含めると、合計6つのステーションと8つのアウトステーションに5人の伝道者、3人の説教者と教師、1人の説教者と印刷者（つまり9人の奉仕者）、そして9人の女性アシスタント奉仕者、30人以上の現地伝道者とアシスタントがいると報告していた。それぞれの呼称（役職）の内実が一体どのようなものかは定かでないのだが、そのような記載がなされていた。[110]E. L. アボット帰国時より、奉仕者は8名増え

た数字であった。そしてラングーンとその近郊を除くモールメイン・ミッションから枝分かれしたという関係教会は7教会あり、この1年間にバプテスマを受けた人数は78人で、7月1日現在のそれらの教会の全会員数は538人であるとされ、教会では会規も執行されて、バプテスト教会としての教会形成が行われていること、そして各教会別の会規処分を受けた人数まで細かく報告されていた。また中心であった「ミッションのカレン部門」では、教会に大きな増設がなされたこと、1842年から3年にかけての乾季には、E. L. アボットまたは他の宣教師によって134人がバプテスマを受け、現地人牧師により手分けして200人以上がバプテスマを受けたと報告されていた。

　さてそうした一連のビルマ各伝道地区の諸報告の後に、先ほど指摘したH. マルコムを長とする「ビルマ委員会」報告、「アボットの手紙」が続いていたのである。

　アボット自身の手紙を引用しながらの報告であり、手紙全文掲載という形ではなかったが、おそらくH. マルコムが責任を持つ形で、長い手紙を適宜編集し掲載を許可されたものと判断される。そこには次のように記されていた。

　「アボット氏は、『助手はその性格と資質に十分な満足が得られるまで、決して任職されることはありません』と語っている。『彼らは聖職に就くことを除けば、実際には自分の会衆だけに関わる牧師であり伝道者です。これらの人々が福音を宣べ伝える能力があるならば、教会員を指導する力があるならば、儀式を管理する能力もあると認めてはどうでしょうか』と彼は付け加えている。『私はカレン族がバプテスマを受けるために10日も15日もかけて私のところにやってくるという考えに反対してきました。その説教の下で回心し、その指導の下で生活することになる自分たちの牧師を、なぜ彼らの教会は叙任できないのでしょうか。なぜ牧師に自分の教会でバプテスマを授けることを（理事会は）許さないのでしょうか。ビルマには、宣教師を見たことがないクリスチャンが何百人もいますし、現在の君主制を一掃するような革命が起こらない限り、これからもそれはないでしょう。これらの新生者は、もちろんバプ

テスマを受けたいと願っているのですが、なぜ現地人を牧師に任命して
はいけないのでしょうか？　もし神がこの人たちを福音を伝える者に召
されたのならば、その儀式を管理するためにも召されたと言えるのでは
ないでしょうか？』」

　このように引用して、報告者は、「スゴー・カレン・ミッションではカレ
ン族への迫害が今なお続いているのに、危険を顧みずにバプテスマを受ける
ため大勢の民衆が食料を持参して宣教師のもとに集まってくるのであり、自
分の故郷の教会で、バプテスマを受けられないでいる」、「アボット師はこれ
まで長い間格闘してきたのである」と締めくくっていた。[111]このE. L. アボッ
トの議論はバプテストの教職論として考えてみれば至極もっともな話であっ
た。

　しかしこれが『BMM』に載ると、反論が当然噴出した。『アメリカン・バ
プテスト』紙（*The American Baptist*）がすぐにこの話題を取りあげ、それに
呼応するかのように『ウォッチマン・アンド・リフレクター』（*Watchman
and Reflector*）1851年1月16日号が反論記事を掲載した。[112]

　最初の反論者は超教派の宣教組織「アメリカ外国宣教委員会」（The
American Board of Commissioners for Foreign Missions、以後ABCFMと略す。）
の創設者のひとりで、会衆派教会の牧師、サミュエル・ウースター博士（Dr.
Samuel Worcester, 1798-1859）であった。[113]彼こそがネイティブ アメリカン
（インディアン）に対してABCFMによる同化政策（assimilationism）の慣行
を作り上げた人物であり、宣教師は誰でもインディアンに対しては必ず「寄
宿学校」（Indian boarding school）に入学させ、英語を徹底的に教え込み、文
明的マナーおよび有用な生活技術を教えなければならないというマニュアル
を作った張本人であった。これは、バプテストのボードマンがビルマのタ
ヴォイでの教育プログラムに採用したものであり、宣教師になる志願者がそ
の準備段階で一度は必ず叩きこまれる事柄であった。つまりこういうことで
ある。親の文化の有害な影響からネイティブアメリカンやビルマ人の子ども
たちを救い出すためには、何より彼らを文明化しなければならず、彼らが知

識と道徳において成長することなしにキリスト教信仰を受け入れることはありえないと決めつけるようなものであった。この方針はスコットランド長老派教会の宣教師アレクサンダー・ダフ（Alexander Duff, 1806-1878）の理論に従うものであり、海外での宣教に従事する者は皆、科学的知識と英語教育をもって現地の非西洋的思想体系を排除しなければならないと教え込まれていたのであった。[114]しかしそのような姿勢では、実は海外宣教地では信頼される人間関係すら作り出すことはできないということを多くの宣教師は外地に出るやすぐに学び取るのであって、宣教地の文化を頭ごなしに否定してはそもそも伝道などできないことを体験的に学習するのであった。

　ところが「アメリカ・バプテスト外国宣教委員会」でも、その後のABMU 理事会や執行部においても、同様な保守的欧米文化中心主義、白人至上主義的人間観が蔓延していたのである。

　現地の人々にいかに向上心があろうとも、文明化、近代化を経ていない宣教地の人々、つまり「未開人」が聖職者の務めを担うことなど初めから期待できないといったネガティヴな考え方が一般に広がっていた。かつて「アメリカ・バプテスト外国伝道総連盟」が創設された時、参集者は同時に、国内の「先住民」（Native Americans）宣教も志し活動を始めたわけであったが、サミュエル・ウースターのケースはその方法論での一成功例に過ぎず、一部のチェロキー族（Cherokee）、クリーク族（Creek）への宣教は困難を極め、宣教師は激しい抵抗に逢って撤退を余儀なくされていたのであった。1838年から 1839 年の統計によると、チェロキー族全体からの改宗者は 170 人と比較的順調のようではあったが、シャノワ族（Shanowah）とオジブワ族（Ojibwa）からはそれぞれ 29 人のみであったとされており、他の諸部族の中にはコマンチ族など取り付く島のない部族が少なからず存在していた。さらに 1830 年のジャクソン大統領（Andrew Jackson, 1767-1845）による「インディアン強制移住法」（Indian Removal Act）が施行されると、実際は伝道どころの騒ぎではなくなっていた。ウースター自身、インディアン居住区に白人が住むことを禁ずる 1830 年のジョージア州法を犯したため逮捕されていたこともあった。アメリカ本国でそうしたことを体験していたために、教派

を問わず多くの海外伝道団体は総じて現地人を「未開人」、「野蛮な存在」と捉え、徹底的に教育が必要な人間としか捉えられなくなっていたのであった。

　そこで見られたことは、海外宣教におけるアメリカ同化政策（Americanization）といったものであった。アメリカの教会制度をそのまま宣教地に再現し、現地人を教育して本国と同じレベルに先ず引き上げ、価値観、生活習慣を教え込むという方策が最善の宣教方法と考えられていたのであった。ABMUの当時の「補助金制度」もそうした文化向上を最初に目指す宣教論を支える一環にあったといえる。ABMUの海外宣教は、現地宣教師の報告が重要であったものの、宣教計画は本部執行部が「ルーム」（Room）で判断して決定する、まさに中央集権的な形をとっていたので、「ルーム」の意図に従って派遣された宣教師は、遣わされた宣教拠点を自分勝手に判断して移動することさえ許されていなかった。

　ただ、E. L. アボットの時代、カレン族への「セルフヘルプ論」による飛躍的宣教の拡大は賞賛に値する偉業と一方では認められ、理事会自身もそれを誇っていた業績であったが故に、当時の通信担当書記 S. ペック（Solomon Peck, 1800-1874）は、この問題を「極めてデリケートな問題」と呼び、即座に判断することができなかっただけであった。宣教拡大については大いに喜んだわけであるが、現地人伝道者任職問題には内心心配を隠しきれなかった。S. ペックはG. ボードマンの後任、F. メイスンのカレン族分析報告を参考にして考えていたと伝えられている。[115]いかに純粋かつ素直な民であっても、知識レベルの低い現地人「未開人」に対して牧師としての職務を認めることができるのか、ペックはそこにくると二の足を踏まざるを得なかったのである。[116]聖職に就くという重要な問題は、一定の学問的達成問題と切り離して考えることはできないとペック自身考えていた。いかにE. L. アボットの伝道者教育の成果を繰り返し聞かされても「現在、比較的無知である現地人伝道者に、福音宣教の権限をどこまで委ねても安全か、真剣に検討する価値がある」、「現地人牧師を任命する時期はまだ来ていないのではないかという他の宣教師の意見もある」と、ペックは言葉を選んでE. L. アボットに返

信していた。[117]またペックは当時のブラウン大学学長、フランシス・ウェイランド（Francis Wayland, 1827-1855）の理事会への答申、「ネイティブ・アシスタントの指導のための学校は非常に貴重であり、異民族に福音を広めるために不可欠である。しかし、必要以上に増やすべきではない。」との意見に聴き従い、バセイン宣教の成功を現地人伝道者の功績と称えつつ、即座に「現地人牧師育成の必要性を認めなかった」という。[118]ここで改めて事柄を整理してみよう。

　ビルマでは、A. ジャドソン以降、G. ボードマンと S. ボードマンのような、それまでのバプテスト派の宣教師と、E. L. アボット以降に出た宣教師たちの間に大きな隔たりがあったと見ることができる。前者は海外宣教対象地になるような国々に住む人々に対しては、ダフやウースターの主張のように何よりも文明の導入が先決であり、それなくしてはキリスト教伝道は難しいと考えていた人々であった。ボードマンが体験したことは、コータービュのような存在は例外中の例外であり、普通はコータービュほどにも成長できないのであって、そうした未開の現地人にどれほど教育を施そうとも聖職者の資格までは与えられないと考えていた。未開の非白人は白人の知的能力には及ばないという、文化的人種観を彼らは無自覚のまま持っていたともいえる。従っていかにコータービュが白人宣教師より上手に、誰も入れないカレンの地に足を踏み入れ、幾人もの大量改宗者を連れ帰ることができたとしても、それはただ彼が文明への仲介役となれただけのことであり、コータービュに宣教師の助けなしに牧師職が務まるのかと問われれば、それは到底無理な話であると判断されたわけである。F. メイスンは最初、G. ボードマンのもとでコータービュによって改宗した村を訪れた時、興奮を抑えきれないほどに大きな感動に包まれたという。彼はこう書いていた。「私は今クリスチャンの村におり、クリスチャンとして愛し、クリスチャンとして会話し、クリスチャンとして行動し、クリスチャンのように見える人々に囲まれています……。私はクリスチャンの手によって栽培された米、山芋、果物を食べ、クリスチャンの畑を眺め、クリスチャンの家族が住む以外の住居を見る

ことはありません……。これまで私は異教徒への恐怖を心のどこかに隠していましたが今は違います。宣教の祝福に感謝あるのみだからです」と。

　しかししばらくする内に、F. メイスンは考え方が 180 度変わったと報告していた。カレン族はなるほど素直にキリスト教を受け入れるようになったが、観察を続けていると彼らの中に「文学や科学的知識に対する関心がまったくない」ことに彼は気づき、「あまり彼らの能力を信じ込み、任職までするというのはいき過ぎかも知れないと考えるようになった」というのであった。[119] つまり、やはり彼らに不可欠な課題は「知識を学ぶこと」であり、カレンの人々とは、いわば「素直な完全に成長した子ども」のようなものであって、宣教団体としては教育の機会を先ずは提供すべきであり、牧師任職などは「絵にかいた餅」（a shade to picture）であると進言するに至ったのである。そして、もし現地人伝道者の任職が有効であるとしたら、それはカレン族内のみに限られることであり、一般論として如何に神学的教育を施しても任職するには余程の教育が必要となるであろうとペックに進言していたのであった。F. メイスンはペックに積極的宣教活動の推進は進言していたのであったが、カレン族のような現地人には、第一に教育を施し、文明を伝えて行くことこそが海外宣教会の使命ではなかったかと伝えたのである。[120]

　E. L. アボットがペックから簡単に承認を得られなかったのも、アッサムで N. ブラウンが求めた現地人伝道者訓練について了解を得なかったことも、そうした考え方が背景に存在したからであった。

　一方、E. L. アボット、J. S. ビーチャー、C. H. カーペンターたちは、現地人の成長の可能性を大いに認めた人々であったといえる。もちろんその学びは高等なレベルまで求められることは承知の上であり、そのために特別に優秀な教員、高等教育の教員資格を持つような人材こそが必要であると C. H. カーペンターなどは『セルフサポート』の中で論じていた。[121] その限りで教育がしっかり行われるならば現地人であっても任職に値する人材を得られると確信し、人種的差別を排除して、現地人と同等に向かい合おうと挑戦した人々であったといえるのである。

　彼らは、19 世紀アメリカ文化に流れていた知識偏重主義や、現地人を「未

「開人」と差別するような体質がこれまでのバプテスト宣教論の中にも潜んでいたことを鋭く感じ取っていた人々であって、アジア人にも学問を積み重ねることにより白人宣教師と同等の職務を十分果たし得ることを主張して憚らなかった。またアカデミックなエリート主義に疑問を提示するという意味での反知性主義（anti-intellectualism）から述べるならば、初代教会においても、無学な弟子たちがやがて使徒として用いられていったように、主の御用に召されることは、たとえ高等教育を受けていなくても十分にあり得るとまで確信してやまなかった人々であったといえるかも知れない。19世紀、バプテストの中には個別教会の自治や個人の自由と抵触するような組織主義、形式主義が確かに一部に存在していた。ABMUもその組織はその時代、中央集権的でどこか官僚主義的な傾向がみられたのであった。海外宣教という大義のもとに募金を集める、ある意味で慈善団体（benevolent societies）化し、一定の道徳心や学識を高く賞賛し、それを宣教地に持ち込んで現地人と自分たちとを区別するような傾向が見受けられた。ヴァージニアの牧師に、信教の自由獲得のために戦ったJ.リーランド（John Leland, 1754-1841）がいたことは知られているが、J.リーランドは異教徒に対しても差別することを禁じて「権利章典」（Bill of Rights）獲得のために戦った思想家であった。そうした精神がE. L.アボットをはじめとする宣教師たちの中に再び強く芽生えていたと考えることができるであろう。

　またこの問題は、アフリカンの黒人奴隷に対する見方とも重なり、N.ブラウンなどはアッサム宣教から帰国後、人種的偏見をなお含み持つようなABMUを脱退し、元より奴隷制度反対を最初から掲げて組織されていたABFMSに所属を敢えて変え、実際に奴隷解放運動に参画していったわけであった。[122]

　おそらく、N.ブラウンの中には、ABMFSとABMU合同の日本宣教事業に携わる中で、相変わらず中央集権的な組織運営を続け、しかも現地人を「劣等民族」「ジャングルの改宗者」と見下すような傾向を持ち続けるABMUの上部組織に対し、今こそ体質を改善すべきとの思いがあったのではないかと推測されるのである。そもそもバプテスト教会は17世紀の誕生

以来、教職者の専門的訓練を牧師職の職務上、重んじる傾向を持つと同時に、平信徒（layman）にも場合によっては説教や礼典執行権を認めてきたという伝統を持つ「信徒によって構成される教会」（Believer's church）であった。そうしたことを総合して考えると、日本で活動していた4人の宣教師がC. H. カーペンターの『請願書』に賛同したことも、彼のABMU批判に基本的に同意していたことも十分理解できるのではないかと考えさせられるわけである。もちろんABMU理事会宛の『請願書』は、そこに記されていた事柄だけに関する要望だったのであり、それ以外にABMU批判を何か特別に訴えるものではなかった。しかるに、請願書は請願書として堂々と願い出ているだけのことであり、日本宣教における伝道者養成のための神学校財政支援問題は、それとは関係なく申請されたものであったと言うべきものであった。

　つまりこういうことである。日本で1882年に、C. H. カーペンターのあの問題の『請願書』趣意書を読み、賛同して当時の通信担当書記の交替を希望した宣教師たちは、実はC. H. カーペンターの主張していた「セルフサポート」論も、彼が提起していた問題の背景にあった歴史的経緯も、すでに聞き及んでいたということになるのである。特にN. ブラウンに関していえば、彼はE. L. アボットと同時代をアッサムで活動していたのであって、E. L. アボットの言動には常に触発され、現地人伝道者の任職までは行っていなかったがアッサム地方連合（The Association of Assam）を組織することとなり、現地組織に外から関わるABMUの干渉からアッサム教会を守るためにアッサム教会に寄り添って必死で戦った記憶が生々しく残っていたのであった。N. ブラウンも1845年にE. L. アボット同様に現地人伝道者の育成の重要性を当時の理事会書記（Corresponding Secretaries）ソロモン・ペックに直訴したが、ペックは慎重派であり、もちろん一切聴き入れられなかった。故にN. ブラウンにはC. H. カーペンターの提起した諸問題は実は誰よりもよく理解することができたし、それを横浜で、他の宣教師たちに説明することができたのである。

8．ABMU の財政状況分析

　神学校財政支援拒否の理由のひとつとして髙橋楯雄が『日本バプテスト史略』上巻で記していた「本部傳道會社の經濟的事情は之を許さなかったのである」との説明は、では本当に妥当するものであっただろうか、これについても振り返っておかねばならない。

　アメリカ経済史を振り返ると、19 世紀は概ね工業化に向かう経済拡張期であったが、1830 年代後半に経済恐慌（Panic of 1837）が起きている。また 1836 年にジャクソン大統領が「正貨流通令」（金と銀の標準貨幣しか認めない）を制定すると、アメリカ経済は銀行からの「金の払い戻し」が起こり一気に深刻な不況に陥った。この不況から立ち直るのは 1840 年代に入ってからであり、その時代的影響を考えると E. L. アボットの時代も ABMU は財政逼迫状態にあったことはおそらく事実であった。宣教師の出版物の制限や、支出を控えるようそれぞれの宣教地で節約が求められていた。もっともカレン族伝道自体は自給教会形成に向かって宣教拡大を成し遂げたのだから、現地人伝道者任職問題はその経済的問題とは本来関係がない筈であった。一番大きな変動はいうまでもなく 1860 年代に起こった南北戦争による不況であった。恐ろしい内戦はすべての力を戦争遂行に奪い去り、多くの悲しみだけを残す結果となった。北部では戦後は重工業化が進んだが南部では荒廃がかなり長期にわたって影響を及ぼしていた。一端国内は統一に向かい南北の協力も始まったが、回復期に再度起こった不況が 1873 年の恐慌（Panic of 1873）であった。これは 79 年まで続きヨーロッパまで巻き込むものとなった。しかし大きな流れとしては戦後の経済成長は決して遅れをとらず、1880 年代までにアメリカは世界で最も強力な経済大国としてイギリスにすでに追いついていた。問題はそうした中での ABMU の財政状況である。

　南部バプテストがトライエニアル・コンベンションを離脱することが判明し、1846 年 3 月 31 日に ABMU が創設されると、5 月 19 日ニューヨークのブルックリンで開催されたトライエニアル・コンベンション閉会本会議で、

理事会はその財産を ABMU に譲渡することを決定していた。

　最初の ABMU の総収入は、分裂前の 1845 年の 82,302.95 ドルであった
が、翌 1846 年には 102,019.94 ドルに増加し、1851 年には 108,720 ドルまで
増加していた。つまり南北の分裂が逆に ABMU を団結させ、最初の数年間
は平均 1 万 5 千ドル以上増加し続けた計算になる。但し南北戦争が始まると
寄付金は一気に減少し、開戦時の 1861 年は 84,333.93 ドル、1862 年には
805,192.26 ドルとなったが、それでも記録を見ると、開戦初期 2 年以外は
100,000 ドルを下回ることはなかったのであった。

　時代と共に総予算額は増加し、1883 年からの統計を調べて見ると、1883
年度の ABMU の総予算額は 307,195.04 ドル（1882 年 4 月 1 日から 1883 年 4
月 1 日までの寄付金、215,684.09 ドル）、1884 年度の総予算額は 328,527.21 ドル
（1883 年 4 月 1 日から 1884 年 4 月 1 日までの寄付金、232,109.65 ドル）、1885 年
の総予算額は 362,026.50 ドル、（1884 年 4 月 1 日から 1885 年 4 月 1 日までの寄
付金、259,215.64 ドル）と移行している。諸教会からの献金集金総額は 1873
年の恐慌の経済危機が色濃く残ったせいか決して潤沢ではないが、総じて決
して逼迫というイメージはうかがえない。宣教地がスペイン、スウェーデ
ン、トルコ、エチオピア、モンゴル、中国、タイ、インド、ビルマ、ブラジ
ル、コンゴなどと拡大されたこと、派遣宣教師数も増えたこと、日本もそこ
に 1873 年から加わり、各宣教地の支出が増えて、総支援金額の枠は右肩下
がりになった部分も確かにあった。しかし ABMU が年間に扱う金額は莫大
なものであった。[123]

　1885 年の報告には一般諸教会からの献金についてであるが、次のように
記録されていた。「1885 年 3 月 31 日に終了する年度において、同盟に直接
納められた諸献金は 43,192.37 ドル、資産は 11,347.40 ドル、米国婦人伝道会
社（The Women's Union Missionary Society of America）からの寄付金は
1,000,000 ドルであった。そして 10 年前の 1875 年、同盟の通常経費に対す
る諸教会の献金は 159,000 ドル余りであった」と。

　この数字は 10 年前より献金が大幅に減少したことを物語っていたが、そ
の理由は明らかに 1873 年の経済危機の影響が推定される。この傾向はそも

そも何を意味するのであろうか。1885年の『*BMM*』財政報告の中に、「一般記事」として「現在の緊急事態」という財政困難を訴える文章が掲載されていた。内容を一言でいうと、ABMUの宣教資金は諸教会からの献金（donation）に頼っているが、近年減少傾向にあるとのことで、その理由は実はよく分からないという。諸教会における「海外宣教への精神の低下」（decline of the missionary spirit in the churches）に原因があるのかなどと疑問を投げかけていた。そして理事会、執行部の役員自身が、自分の「選挙区」の枠を超えて積極的献金を行ってきたであろうかと自ら反省の弁を記し、要するに諸教会の一層の寄付を呼びかける記事となっていた。

　こうしてみると、確かに諸教会からの献金が長期的に見て減少気味でも、1884年に日本宣教師会から神学校設立財政援助要請が寄せられたとしても、財政逼迫の折り残念ながら現在余裕がないという理由は妥当といえるのか否か甚だ疑問が出てくるのではないか。A. A. ベンネットが依頼した金額は初め僅か2,000ドルの依頼であった。もう一度1884年度の日本宣教支出報告表を見直すと、ミス・キダーにはその同じ年、女学校資金として6,220.35ドルが支給されていた。この学校はJ. H. アーサーが1875年に創立した女学校であり、[124] この時の原資は米国婦人伝道会社からABMUが受け取った寄付金によるものであったが、収入源がどこであろうとそこに6,000ドルもの支援が与えられていたのであった。A. A. ベンネットの申し出は2,000ドル程度で、決して度をはずれた額ではない故に、協力を受けられるものと彼が考えても決しておかしなことではなかったと思われる。

9. 神学校設立財政援助拒否の謎

　このように考えてくると、バプテスト神学校財政支援が1894年までなされなかった理由がいよいよ謎に包まれてくるのである。1885年ABMU第71回年次総会「日本宣教報告」におけるP. S. モクソムの3つの勧告の議決があったにも拘らず、神学校支援がその後10年間なされなかったということは、単に忘れられていたなどという言葉では説明することはできない。ま

た神学校財政援助拒否の理由としてこれまで通説とされてきたミッション
「本部の財政難説」は髙橋楯雄の記事だけでは説明つかないように思われる
のである。ベンネット夫人編著、多田貞三訳『アルバート・アーノルド・ベ
ンネット　その生涯と人物 —関東学院大学建学者の小伝』（関東学院大学、
1985 年）の「新刊紹介」文の中で、大島良雄は「彼は神学校の敷地と建物の
為に二千ドルをミッションに要請したが容れられず、校舎の家賃の支払いに
困窮したと言う。それがミッション本部の経済的事情か宣教の方針かは詳ら
かにはしないが、現地の宣教師として福音宣教のために教役者を養成する事
の急務を感じ、独力でその事に当たり、後に現地の仲間の協力を得て学校を
開設した先見性、経済的不如意、教授陣の不足にもめげず素志を貫いた信念
と忍耐は偉大である。」と記していたが、財政支援が何故なされなかったか
について「詳らかにはしないが」と書いているのは、明確な理由を示す資料
がみつからなかったためだったのではないだろうか。[125)]

　今日その理由を裏づける確かな資料をどんなに探してみても見つけられな
いからである。大島良雄が「宣教の方針か……」と述べていることに関して
は根拠がないわけではない。大島の著書『灯火をかかげて』8 章「H・C・
メービーと関東学院」の論文の中で、大島は H. C. メービー（Henry Clay
Mabie, 1847-1918）が彼の自伝の中に残した「日本における学校教育を通し
ての宣教の遅れ」について触れている。その文章は高野進の『関東学院の源
流を探る』342 頁にも紹介されているが、原書『ロマンから現実へ』（*From
romance to reality; the merging of a life in a world movement, an autobiography*、1917）
から改めて直接引用してみよう。[126)] H. C. メービーは 1890 年に ABMU の通
信担当書記になり約 18 年間海外宣教師の後方支援に尽力した人物で、1919
年に私立中学関東学院が設立されるに際しては ABMU が関東学院を「H.
C. メービーを記念する学校」として開設することを決定し、多額の募金を
呼びかけたという、当時 ABMU の中で優れた評価を受けていた人物であっ
た。H. C. メービーは日本宣教について次のように記していた。

　　「日本での宣教活動については、プロテスタントでは、会衆派、長老
　　派、メソジスト派、エピスコパル派、オランダ改革派教会の宣教師が、

際立って有効な働きをしている。私はアメリカのバプテストの代表とし
て、これと同じことがいえないと考えている。N. ブラウン、C. H. カー
ペンター、J. L. デーリング、ミセス・ブランド、ミス・キダー、A. A.
ベネット、そして私が名前をあげるまでもない才能ある献身的な人々が
現在も活躍しているであろう。しかし私たちのその土地における宣教の
開始は遅れてしまった。本国の宣教師や関係者が訪れたと思われるよう
な、安定し一貫した統一的政策をこれまで一度も持たなかったのであ
る。何よりも反省すべきは、私たちの教育に対する考え方が不十分で
あったことである。バプテスト信者側からの財政支援の欠如は、残念な
がら大きなハンディキャップとなってしまった。もし私たちが一世代前
に、神学校を併設した良い大学を建設するために、百万ドルを拠出する
計画を立てていたならば、今日の事情はどれほど異なっていたであろう
か。最近日本を訪れた実業家たちが、私たちの教派の活動の遅れを知っ
てしばしば心を痛めている。しかしその人々が自らすすんで活動の遅れ
を支援してくれるわけではない。アメリカ・バプテストは日本の現状と
将来の発展のために、全体として今なお相応しい策を講じているとはい
えないのである。」[127]

　このC. H. メービーの証言を考えるならば、ABMU 第70回年次総会のあ
の P. S. モクソムの提言を実行に移さなかった ABMU の理事会執行部の「宣
教方針」に問題があったと推測することができるのかもしれない。しかし繰
り返しになるが、問題は何故統一的方針を立てなかったのかという部分にあ
る。高野進は同じこの神学校財政支援拒否の理由に、当時は「神学校を必要
とするほどに、まだ宣教の成果が上がっていないということであった」と
『A. A. ベネット研究』の付録の中に記していたが、宣教の成果が上がっ
ていなかったというのは先の P. S. モクソムの提言とは認識に相違がある
し、教勢問題は当時の日本宣教の状況をどう見るかという解釈次第となるわ
けである。E. L. アボットや C. H. カーペンター時代のカレン族と、明治期の
日本人では文化の程度からしては比較にならない状況であったことを

ABMU 理事会も認識していた筈である。1884 年の日本宣教状況はリバイバルの中にあったと報告されたほどに教勢は上り坂だったのであり、明治期の日本の西欧化に向かう文化志向レベルは「未開」地域の人々とはまったく違っていた。それ故に A. A. ベンネットは高度な神学教育機関がすぐにも必要であると主張したのであった。このように考察を進めてくると、やはり1883 年 1 月に ABMU 理事会に届けられた『請願書』が、何らかの影響を及ぼしたという可能性を否定できないのではないかと思われてくる。C. H. カーペンターが ABMU 理事会執行部の大半から叱責され、理事会が彼の批判に耳を傾けなかったことが昨今明らかにされてきた。その C. H. カーペンターの ABMU トップの罷免を求める『請願書』に署名した 4 人の日本宣教師の要請、また ABMU に先に相談もなく、現地宣教師会だけで設立を決議したという神学校に、理事会は財政支援することを許さなかったということではなかったであろうか。A. A. ベンネットの残した資料に、手書きの「セルフサポート」(Self-support) という文書が関東学院大学図書館に保管されているが、それを読むと、A. A. ベンネットが日本宣教を「自立支援」方針を採用して行うと ABMU に報告したため、その活動状況を ABMU に報告するよう求められていた事実が浮かび上がってくるのである。[128] そこには次のような報告が自筆で記されていた。少し長くなるが引用してみたい。

　「伝道委員会から『自立支援に関する報告書』の提出を求められた。この問題は私の伝道生活の初めから多かれ少なかれ私の関心事であり、考えさせられてきた問題であったが、これほどまでに、即座にその有効性について実証しなければならない事柄であるとは考えたことがなかった。宣教を始めた時に、教会で活躍していた日本の兄弟たちが、今私が強く訴えているのと同じ理想を喜んで望み、夢見てから早や 30 年が経過している。当時この国に生まれたばかりのバプテスト教会は一人で歩くにはまだあまりにも幼稚であったが、近い将来その骨と筋はより強くなり、その使い方を知ることによって、これ以上宣教師の導きの糸は不要になるだろうと考えられていたのである。それ以来いくつかの進歩があり、自立した教会もあるのであるが現在の傾向は逆転しているように

思われる。[129)]この問題は、便宜上、3つ以上に分類されるのである。つまり1）現地人牧師の問題、2）教会建築の問題、3）教育機関の問題である。この3つのどれをとってみても、ABMU に対して求められる経費は年々増加の一途をたどっていることは否めない。ただ、私たちはこのような問題をすべて宣教同盟の支援によって解決しようとはしていないのである。先ずこれまでに養成された牧師たちの問題によく注意を払い、そこで本当に必要な事は何であるかを明らかにしようと努めてきたのである。私たちは以下のような基本的共通認識を保持していくところから良い信頼関係を築くことが大切だと考えるものである。第一に、私たちは一流の説教者を必要としているという認識である。第二に、その働きには当然謝儀が支払われるべきであるという認識である。第三に、現在牧師の給与のごく一部が日本の教会から捧げられているが、第四に、他国の教会員がこの国の教会の牧師をいつまでも支援するようなことは早急に止めなくてはならないという認識である。さらに、ABMU は、この牧師支援のための予算を年々増加させることを望まないことは事実上確実だという認識である。しかし近年そのための資金が着実に増加していることは『年鑑』をご覧になればすぐに分かる通りなのである。だからと言って、私たちは、このままでよいなどと考えてはいないことを理解して頂きたいと願っている。私たちはこの事実を、どのように乗り越えるべきか考えている。では、どのような改善策があるのだろうか。懸命に考え努力しているところである……宣教師たちは、日本人を決して自分たち宣教師同様に理解しているわけではない。現在宣教資金で雇用されている人々の中には、雇用に値しないと思われる人々が存在することも実は事実なのである。しかしこうした事柄はもとより具体的な例を挙げて判断したり対策を講じる事はなかなか難しいことなのである。それを日本の委員会に個別に求めることも難しいことであった。しかし伝道者の仕事の資質や状況に関しては、すでに他の委員会からの報告があり、実情も把握されている。組織的宣教活動、一般的な伝道方法、福音伝道拠点の設立に関してもすでに他の委員会がしっかり報告し

ているので適切に対応できる。宣教師会が遭遇した困難の一つは、日本
の伝道者の謝儀の金額の決定に関してであった。この問題について見な
おす協議を行ったが、日本人の牧師会と宣教師会の間にそれを決める裁
量権がそもそもどのように与えられているのかを巡り、結論には至らな
かったのである。」

　A. A. ベンネットはセルフサポートを唱えるだけでは決して思い通りそれ
が実現されないことを率直に認め、真剣に取り組んでいる姿を正直に報告し
ていた。この報告書の下書きは 1908 年頃に書かれたものと推測されるが、
もっと日本の教会が自ら自立を目指すのかと期待を寄せていたが、逆に日本
の教会自身が母国（アメリカ）の宣教団体の支援に期待を寄せてくる現実に
戸惑いを抱いている様子が紙面には滲み出ていた。いずれにしてもこの文書
の存在は、日本の宣教師会が「セルフサポート」の精神に従い、自立教会形
成をその初期から目指していたことを証明する重要な証拠であった。[130]こう
した努力を重ねながら、ベンネットは日本宣教において、神学校の充実こそ
が最も重要な課題であると訴えていたのであった。[131]1884 年の段階では信徒
数は 256 人程度だったので、確かに神学校はまだ必要ないと判断されたのか
もしれないが、大島良雄が述べていたように、むしろ A. A. ベンネットには
先見性があったのであり、先ずは優れた日本人伝道者、牧師の任職をする、
その課題が最優先だったのであろう。[132]実際、A. A. ベンネットが質の高い
牧師養成に力を込めた結果、日本バプテストの教勢は急上昇し、1885 年に
433 人、前述の様に 1890 年に 1,036 人を超えると、1891 年には 1,170 人、
1892 年には 1,337 人、1893 年には 1,565 人、1894 年には 1,633 人、と増加を
たどり、1900 年には 2,011 人へと上がっていった。[133]

10.　ABMU との関係改善

　神学校設立の最初の 10 年は ABMU からの神学校支援はなかった。しか
し 1894 年以降その関係は改善されていった。神学校新校舎建築資金が支出

されたのであった。[134) この年は折しも神学校創立 10 周年を迎える年であっ
たが、年次報告によると 10 月 22 日に新会堂の献堂式が挙行され、校長の交
代がなされていた。A. A. ベンネットに代わって、J. L. デーリングが校長に
就任している。A. A. ベンネットは初期の任を解かれ、一教員として、神学
校長職を後進に譲り、さらに自らの使命に邁進した。

　チャールズ・バックリー・テンネー（Charles Buckley Tenny, 1871-1936）
はその喜びを次のように記していた「明治二十年は記憶すべき年である。新
しい建物ができて、同年十月二十二日に献堂式を捧げた。創立者ベンネット
博士が校長の任を辞して、普通の教授となり、ゼ・エル・デーリング氏（J.
L. Dearing）が校長の位置に就いた」と。[135) 建物だけでなくカリキュラムが刷
新し、12 名の学生を与えられて A. A. ベンネットが新約聖書と説教学、パー
シュレー（Mr. Parshley）が旧約聖書、タフト（Mr. Taft）が教会史、デーリ
ングが神学、星野光多（Mr. Hashino）が修辞学と演説法、ベンネット夫人
（Mrs. Bennett）が音楽、デーリング夫人（Mrs. Dearing）がギリシャ語選択
クラス、ハリダ（Mr. Harida）がキリスト教確証論などを担当した。[136) A. A.
ベンネット自身退任に当たり、こう一言述べていた。「私はこの神学校につ
いて一言述べることを許されるかもしれません。デーリング氏は素晴らしい
校長です。彼はこの神学校に新しい命を吹き込み、自らの高い理想を実現さ
せるために労を惜しまず忠実に努力しておられます」と。献堂式の一部始終
は 1895 年の『BMM』11 頁以下に詳しく式次第とその様子が J. L. デーリン
グによって報告された。[137)

　さて、ではこの神学校財政援助への転換の背後には一体何があったのだろ
うか。すぐに気づくことは、先に名前の出た H. C. メービーが 1890 年に J.
N. マードックと ABMU の通信担当書記になり、通信担当書記 2 人体制を
とった出来事があったことである。[138) 翌年から J. N. マードックは名誉書記
と立場を変え、H. C. メービーが 1892 年から実質的通信担当書記に順次交替
していたという事実があった。さらに翌年 1893 年にはサミュエル・ホワイ
ト・ダンカン（Samuel White Duncam, 1838-1898）が 2 人体制でメービーと
通信担当書記を役割分担していた。[139) 先に記したように、H. C. メービーは

自分の伝記に日本伝道の ABMU としての反省文を書きとめたような人物であったのであって、高野進によれば彼は「日本におけるプロテスタント宣教史を熟知していた」こと、また「日本人が教育について高い関心を持っていたことも理解していた人物であった」と述べていた。また S. W. ダンカンといえば、関東学院の前身、東京中学院創立にあたり ABMU の通信担当書記として尽力した人物であった。

　H. C. メービーは ABMU の主事になると海外派遣されたそれぞれの宣教師の後方支援に力を入れ、18 年もの間（1890-1908）その務めに励んだと伝えられていた。また通信担当書記の実務に就く前に、彼は 1890 年（2 度目は 1907 年）、海外宣教地視察の行程の最初の訪問地に日本を加え来日を果たしていた。たまたまその最初の来日時には会えなかったのであるが、[140]H. C. メービーは何と A. A. ベンネットとはブラウン大学の先輩後輩の間柄に当たり、シカゴ神学校時代 2 人は同じ時を過ごした親しい学友だったというのである。[141]こうなると、個人的な旧交から H. C. メービーが A. A. ベンネットの苦闘の話を（J. L. デーリング、C. K. ハリントンたちからも）聞き、何故 1884 年からまったく神学校財政援助を受けられなかったのかと、過去を振り返ったことは当然のことであったであろう。そしてやがてすべての事情を H. C. メービーは理解したのではなかったであろうか。当時、ABMU の組織の中心にいたのであれば過去のすべての資料や記録を調査することは決して難しいことではなかった筈である。1894 年の『BMM』の第 80 回年次総会報告には、「日本からの手紙によると、日本ではキリスト教宣教をライフワークとする若者のために、高等教育とより広範な神学課程を提供するための迅速な行動が必要である」と要請が改めて行われたことが記されていた。[142]この年の年次総会には特に「日本宣教報告」が大きく取り上げられており、神学校の再建予算計上（appropriation）がなされたこと、また神学校校舎の老朽化による新校舎建築資金が「神学校に関する委員会」（Committee in the matter of the Theological Seminary）により用意されたことが報告されていた。[143]

　おそらくこの二人の再会が、一気に神学校財政援助を取りつける決定的な

出来事になったことは間違いないと思われるのである。『請願書』の件も、何故 4 人の日本派遣宣教師がそこに名前を連ねたのかについても、おそらくH. C. メービーはほぼ正しく理解したのではなかったであろうか。それで『ロマンから現実へ』なる自伝の中にまで、あのような日本宣教におけるABMU の失態を証言し、神学校だけでない、東京中学院、その後の東京学院、そして 1919 年創立の私立中学関東学院設立に至るまで、隠れたところで、見えざる力となってくれたのではなかったであろうか。[144]

　H. C. メービーは彼一流の福音宣教と教育についての思想を抱いていた。海外宣教地において文化的知識を広めることの意味をわきまえつつも、彼は知識偏重主義的な従来の考え方、あの F. メイスンのような「先ず何よりも教育レベルを上げて現地人を文明化させなければ福音伝道などできない」といった考え方には否定的であった。彼は自らの自伝の中にそれを論じていた。彼はこう述べている、「例えば、ビルマ、中国、日本の現地学校において見られるように、偉大なことを成し遂げる十分な才能を持った個人がそこにいたとして、信仰と教育における根本的な離反に対する十分な保護手段が確保されているならば、どのような教育がなされてもそれは有効であると私は考えている。私自身、教育の役割についてはそれを尊重する成熟した認識をもちろん持っている。教育は単なる専門的、技術的知性主義ではないし、これからもそのようなものではないであろう……。しかし教育だけを優先し先ずは高度な知識を、といった単なる知性主義というものは、多くの場合教育が神格化されてしまい、不可知論に帰着するのである。理性的教育だけを教えて行く中で、神を信じましょうと勧めてみても、その施した教育が邪魔をして神を見つけにくくすることがあるものなのである」。[145] そして H. C. メービーはアメリカ国民を二種類のタイプに分けて説明していた。一方のタイプは福音だけがあればいいからと考え、リベラルな教育一般を恐れ遠ざけてしまうような人々であり、もう一方は教育をキリスト教的な配慮を施した上で行うべきともっともなことを語りつつ、実際には保守的な神学的立場（いわゆる「聖書霊感説」（Verbal Inspiration））に立って教えなければならないと断言するような両極端の人々が存在するというのである。[146] しかしそ

こでH. C. メービーはキリスト教的学問の深い学びを通して、より豊かに信仰に貢献する教育が存在するのであり、そうした人間の真の知的成長は、福音宣教の下に初めてもたらされるものなのだと考えていた。H. C. メービーはABMU内部で話題になっていたE. L. アボット以来の「セルフヘルプ論」や、C. H. カーペンターの著書を読み、自分自身の宣教理解の中で当時話題になりつつあった新しい海外宣教論についても心得ていたのであった。[147)その新しい宣教論とは、おおよそ以下のようなものであった。

　1800年代に入るとバプテスト以外の教派の宣教活動の中からも新しい宣教論への提言が唱えられるようになっていた。ルーファス・アンダーソン（Rufus Anderson, 1796-1880）は会衆派教会の牧師であり、自ら海外宣教を志していたが1832年に会衆派のアメリカ外国宣教委員会（American Board of Commissioners for Foreign Missions）[148)の通信書記となり、34年間その仕事を続け、その後は1875年まで「諮問委員会」（Prudential Committee）の書記となり、特に宣教の論理や戦略について多くの著作を残した人物であった。彼は2回にわたってアジア諸国・ハワイを視察する中で現地宣教師の実情について学び、いわゆる「スリーセルフ・メソッド」（three-self method）を提唱した人物で知られている。

　これは、海外伝道において本来的なことは、文明を伝えることでは決してなく、文明はあくまでも福音伝道の中で初めて伝えられていくべきものであるという主張であり、既存の「文明化から福音伝道へ」という順序の誤りを是正する注目すべき議論であった。R. アンダーソンによれば、常に先ず意識的に伝道が優先して目指されるべきであり、聖書の翻訳事業も含め、文化的知識伝達、一般学校教育などその他すべての事業は、あくまで付随して副次的に行われるべきであるということであった。それらが優先したり、順序が逆転すると弊害が生まれるというのである。宣教の分野で、「自立、自治、自己成長」（three-self）していく、そのような「現地教会」（Native Church）の形成を目指すところに宣教団体の中心課題があると彼は強調してやまなかった。振り返れば、これはまさにE. L. アボットが「セルフヘルプ」

論として 1835 年以来温め、C. H. カーペンターがカレン・バセイン・ミッションにおいて実践した「セルフサポート」論とまさに同じ内容の宣教論であったといってよい。R. アンダーソンは、それを会衆主義教会の「独立教会形成論」に根ざして展開し、説得力ある議論を体系化していたのであった。

　R. アンダーソンの主張は 1870 年の彼の主著、『外国伝道、その関係と問題』（*Foreign missions, their relations and claims*）によって世に広まるが、『ミッショナリー・ヘラルド』誌（*Missionary Herald*）他、数冊の冊子と多くのパンフレットによって広がっていったものであった。[149)]

　同様な海外宣教についての議論は他にも散見された。C. H. カーペンターと同時代、中国上海、泰安福で伝道活動をしていた南部バプテストの宣教師 T. P. クラウフォード（Tarleton Perry Crawford, 1821-1902）は、宣教地でカーペンターの『セルフサポート』を読み、C. H. カーペンターに絶大な賛辞を贈っていたが、英国国教会の聖職者ヘンリー・ベン（Henry Venn, 1796 - 1873）なども、「教会宣教会」（The Church Missionary Society）の名誉書記として、1850 年代半ばから当時の欧米宣教師による「父権主義的宣教論」（parent-child relationship, Paternalism）を批判していた。[150)]宣教地教会の自主性を重んじようという動きは、他に南インドで宣教活動を行ったといわれる英国国教会宣教師、アンソニー・ノリス・グローブス（Anthony Norris Groves1795-1853）、著書『クリスチャンの献身』（*Christian Devotedness*,1939）[151)]、また 1853 年以降、中国の山東省で宣教したアメリカ長老派教会のジョン・リヴィングストン・ネビウス（John Livingston Nevius, 1829-1893）、主著『宣教師教会の開拓と発展』（*The Planting And Development Of Missionary Churches*, 1899）によっても 1883 年以降唱えられ、「ネビウス計画」（The Nevius Plan）などが論じられていた。[152)]

　さて、そうした経緯を経て、C. H. カーペンターの「セルフサポート論」が ABMU に正式に受け入れられ、E. L. アボット来の宣教論へと ABMU が大きく舵を切ったのは、1890 年代に入ってからのことであった。『*BMM*』をたどっていくと、まさに 1895 年の第 81 回年次総会において「セルフサ

ポートに関する特別委員会」報告が、オハイオ州デイトンのH. F. コルビー
博士（Henry F. Colby, D. D. 1842-1915）によって行われ、以下のことがビル
マ宣教報告の下に全会一致で決議されていたのであった。[153]

「ABMU は、現在国内伝道協会が作られていない地域で、セルフサポー
トを現地信徒に身につけさせ、それぞれの国の信徒による国内宣教の働
きをより盛んに展開させることを推奨し、決議する。」[154]

重要な議決なので H. F. コルビーの報告冒頭挨拶もここに引用しておく。
「自助努力（self-support）の問題に関して当宣教団が行った進歩、およ
びその方向へのさらなる前進の望みを検討するために任命された当委員
会は、謹んで以下の通り報告書を提出する。私たちが行うよう指示され
た調査は、明らかに最も重要性を持つものであった。宣教の主はご自分
の執事が熱心で賢明であることだけでなく、またご自身の栄光を求める
だけでなく、最も積極的かつ効果的な形でそれを期待されておられるの
である。さまざまな教派によって実施されている多くの宣教活動が、自
給自立に向けてゆっくりとした歩みを進めていることは、最近重要な再
検証を呼び起こすようになってきた。長い間設立されてきたミッション
に対するわが同盟の支出額は、『宣教地域』に対する私たちの義務に合
致していただろうか。資金の分配は、現地の教会を発展させ、教会を光
の中心とするために最も遠くまで光が届くよう正しく行われてきたのだ
ろうか？　時には、その霊的成長を妨げるような経済的援助がなされた
ことはなかったであろうか。これらの疑問は、今『外国宣教委員会およ
び理事会役員また代表者会議』によって多くの関心を集めている。この
会議では、全分野からの統計の提出をより完全に行い、この問題を正し
く検討するためにいくつかの配慮がなされている。現代的な事業方策は
宣教師の管理における経済性の見直しを強調している。また長引く財政
難のため、執行委員会と海外の宣教師はこうした問題を真剣に考えなけ
ればならなくなっているのである。しかし神はおそらく、このようにな
さって神のために働くしもべの試練を、より大きな御業を実現するため

に用いようとされておられるに違いないのである。しかるにこのテーマをこうして取り上げることは、この国の教会に、狭量さや倹約の言い訳を与えるものではない。そうではなく、今私たちの目の前に突きつけられている再検討は、諸教会が海外宣教のために今後とも一層多くの献金を捧げる励ましを行うためのものであり、主への捧げものを差し控えることを是認するようなものでないことは明らかである。」

　こうした挨拶の後、報告が続き、年次総会は5項目の確認事項を踏まえて、「セルフサポート」宣教論に基づくABMUの今後の活動方針を議決したのであった。この決議によって、宣教師の海外宣教活動は、現地人キリスト者の主体性を引き出し、段階的に活動の主体を現地教会へと移行していくことを目指すものであるとの定義が定着していった。1895年といえば、H. C. メービーがABMUの通信担当書記の務めに就いて5年目のことであり、前任者の影響を完全に払拭した時期であったといえる。

11.　おわりに

　横浜バプテスト神学校創設当初、ABMUの財政援助が何故行われなかったのかをここまで考えてきてみたが、真相がどのようなことであったのか、この考察によりある程度は明らかになったのではないかと考えるのである。ある程度というのは、仮説の域を出ないがとの意味を含む。その時代のABMU理事会執行部の正確な実態、当時の理事会執行部がどのような形でこれに関する協議を行い、議事を決定していたのか、この問題に関わった各員がどのように相互に関係していたのか、具体的な当時の記録を見ることが最早叶わないからである。ただこの考察を通して、1883年1月に、日本宣教師4人が勇気あるABMU改革に参画したという事実（実際には1882年半ば以降の署名となるのであるが、それを行ったこと）、そして派遣された宣教師として彼らが自らの召命に忠実に日本でそれぞれ歩み、良心に従って献身的に日本宣教に最善を尽くしたこと、そのことはこれまで以上に明らかになっ

たのではないかと考えるのである。

　海外宣教において、御言葉の宣教が第一であること。自給教会建設のために 1884 年時点で質の高いバプテスト神学校を創設しなければならないと来日宣教師たちが確信していたこと。それゆえに ABMU からの財政援助がなくても、そうしたこととは関係なく、自分の信ずる宣教論に従って、先ず自らが模範的に ABMU に頼らずに、自分の持てるものを捧げて（それは経済的支援だけでなく、神学的知識と自分自身の生涯を捧げて）、まさに苦闘して、伝道第一主義で日本初期宣教の業を担ったという事実が、改めて鮮やかに浮かび上がってきたのではないかと考えるのである。

　つまり、日本に来た初期の宣教師たちは、アメリカ・バプテスト教会の組織や制度を日本に再現、移植しようとするのではなく、福音の種子が日本人の中で日本人教会をどのように育てていくか、精一杯の支援とアドヴァイスと、手本を示しつつ、祈りの中で、「自給教会」建設を目指したということなのであった。日本の初期宣教師たちは皆、宣教の一定の拡大期を経て、自給教会形成を目指すことで一致していたと言ってよいのではないだろうか。伝えられているところによれば、「日本人への伝道は日本人の手で」との方針を宣教師会は初めから選択し、N. ブラウンも同じ方針であったといわれる。[155] 日本の初期宣教師たちは相互によく話し合い、新しい宣教論などについても学び合い、その意味では神学校設立も、特別な決定機関の議を経ていなかったとしても当然皆の同意を得つつ進めたことであったというべきなのではないだろうか。

　1884 年時点は、まだ宣教師の数も少なく、横浜を中心として地方宣教に向かった宣教師しかいなかったわけであるから、それをもって「組織的活動ができていない状況ゆえに」と指摘し、神学校設置決議が 4 人の宣教師だけの「私的なもの」で、準備不足があったかのように捉える必要はないのではないかと考えるのである。本来ならばそれは、ABMU から、あたたかい経済支援を受けてスタートしてもよいような積極的な宣教ヴィジョンだったと思われるからである。それゆえに、N. ブラウンや A. A. ベンネットらは責任をもって ABMU 本部に神学校設立の報告を行い、資金援助を要請し、日

本宣教の状況と実情を毎年適切に報告し、アジア全体への視点をも持ちつつ歩み続けたのではなかったであろうか。

　N. ブラウン率いる初期の日本宣教師会は、ABMU がその当時実施していたような「管理された指揮下での伝道」を意識的に採用しなかったのではないであろうか。こうした問題は、別に稿を立てねば十分論じられないことではあるのだが、初めての宣教地で、どこでどのような宣教成果が生まれるか、何も分からない状態の中に宣教師は立たされていた。誰かが誰かを派遣したり、その働きを評価したりするのではなく、新約聖書の初期の使徒たちがそうであったように、自由に聖霊の主の示すままに、各人が与えられた伝道の幻を分かち合い、皆で知恵を絞り合って宣教拠点を定め、相互に祈り合って伝道を進めていったのではないであろうか。

　19 世紀半ばに ABMU に見られた宣教方針の転換は、いわゆる欧米キリスト教の「模写の時期」における「宣教パラダイム（paradigm）シフト」であったといえるであろう。この時期の「宣教の神学」はまだまだ深められていたとはいい難いが、日本のバプテスト教会は、初めから自立すべく育まれてきたことを改めて自覚すべきなのであろう。

　1886 年 1 月 1 日、N. ブラウンは 13 年間の日本宣教をなし終えて横浜で永眠したが、日本バプテスト神学校の行く末は、まだなお薄暗がりの中にあるままでの逝去であった。[156] 髙橋楯雄は『日本バプテスト史略』上巻 135 頁に、枕元に来た家族と A. A. ベンネットに対してブラウン博士が、「小さい子供に左様ならと云ひ、祈って居るやうに見えた」と、その最期の様子を伝えていた。

　本稿を閉じるに当たり、経済支援のなかったバプテスト神学校について、大阪で宣教した宣教師ウィリアム・ワインド（William Wynd, 1866-1941）が『日本 70 年―北部バプテストの業績』（*Seventy Years in Japan: A SAGA OF NORTHERN BAPATISTS*, 1943）の中に残した一文を引用して、本論攷を閉じるものとする。

　「家賃のための資金もないまま、それでも神学校は開設された。76 番地

の建物は洋風の建物であった……。しかしミッションが学校にした貢献がひとつあった。それは物質的な設備より一層質の高いものであった。その時に与えられ、継続して与えられたものとは、その学校で働く最高の人々であった。ベンネット博士が最初の校長として与えられた。」そして「1886 年にはハリントン博士が与えられた……。この二人は親密な友人となり、強力なチームを組んだのであった。」[157]

【注】

1) 髙橋楯雄 (1871-1945)、姫路に生まれ、1897 年、バプテスト神学校第 4 期生の一人として卒業。卒業後はアメリカ、ケンタッキー・ルイヴィルのバプテスト神学校に留学。1906 年に横浜バプテスト神学校から招聘を受けて神学校教授に就任した。彼は神学校が東京学院と合併するまで教授職を務めたが、その後『基督教報』主筆者となり、西南学院高等学部神学科教授になり神学教育に尽力した。最後は呉バプテスト教会牧師となり伝道の現場に立ったが、1945 年 3 月 6 日姫路で死没している。日本バプテスト史に精通し、主著、『日本バプテスト史略』上下巻 (1923 年、1928 年) の他に、エー・エー・ベンネット著『説教学講義』(1910 年)、『デーリング博士伝』(1917 年)、『約書亜記註解』(1920 年)、ジョン・アール・サムビー著、『旧約聖書の心髄』(1925 年)、『ジョン・バンヤン』(1928 年) 他を出版している。

2) ジョン・ネルソン・マードックは、1820 年 12 月 8 日にニューヨーク州オスウィーゴ (Oswego) で生まれ、17 歳で自覚的バプテスマ受領。後に米国メソジスト教会から説教のライセンスを取得、説教者として活躍した。1842 年に彼はバプテストへと転向し、バプテストの牧師に任職される。彼はニューヨーク州アルビオンの教会で牧師職に招かれ、2 年後にはハートフォードのサウスチャーチで牧師に就任した。その働きは高く評価され、1854 年、マードックはロチェスター大学から名誉博士号を授与されている。1857 年以降、ボストンのボウディン スクエア教会の牧師として働いたが、1863 年には、ABMU の書記に選出され 1890 年まで長期にわたり ABMU の執行部の中枢で働いた。1897 年に死没。著書に、『私たちの南北戦争：その原因と問題』(*Our civil war : its causes and its issues : a discourse delivered in the Baptist church,* 1863) がある。他に、通信担当書記の立場で書いた 24 頁の短い冊子、『我が宣教師のパイオニア：同盟創立 74 周年記念式典で読まれた論文』(*Our missionary pioneer : a paper read at the seventy-fourth anniversary of the Union,* 1888. May. 21.) がある。

3) 他に、J. L. デーリング (J. L. dearing, D. D.) が 1901 年に報告した「東京宣教師会記録」(Tokyo Conbberrence of Protestant Missionaries), The Baptist Group, History of Protestant Missions in Japan, *Proceedings of the General Conference of Protestant*

Missionaries in Japan. Heid in Tokyo October 23-31, 1900 With Extensive supplements, Methodist Publishing House Tokyo, 1901, pp.899-900. に設立記録が短くある他、William Wynd, *Seventy Years in Japan. A Saga of Northern Baptists,* Privately Printed. Copies of this book may be obtained from The American Baptist Foreign Mission Society 152 Madison Avenue, New York, N. Y. p.152. ウィリアム・ワインド、大島良雄訳、『日本70年—北部バプテストの業績』、関東学院大学所蔵、1991年などがある。(以後、本書をワインド『日本70年』と略す。)『日本70年』は1873年のN.ブラウンの来日から1942年の日本基督教団成立までの70年のバプテスト宣教の記録である。また参照すべき資料としては、『アルバート・アーノルド・ベンネット　その生涯と人物—関東学院大学建学者の小伝—』編著者、ベンネット夫人、訳者、多田貞三、関東学院大学、1985年もある（以下本書を、ベンネット夫人、『アルバート・アーノルド・ベンネット　その生涯と人物』と略す）。

4) この横浜の宣教師会を「京浜地区宣教師会」と最初に表しているのは髙橋楯雄であり、大島良雄、『A. A. Bennettと横浜バプテスト神学校』関東学院大学文学部1988年度紀要第55号、5頁にもそう記されている。大島は1876年5月のJ. H. アーサーによる東京第一浸礼教会設立後、1878年12月にH. H. リースが東京第一浸礼教会に就任する時期に「東京宣教拠点の分岐」を見ており、1882年リースが神戸第一浸礼教会を設立した時期には神戸を独立した宣教拠点として捉えていた。1884年の時点では、横浜を中心に、東京、東北、徳島、神戸など宣教が拡大していたので、こうした宣教拠点の区別がなされたものと思われる。しかし1884年時点ではまだ各宣教拠点における宣教師数は僅かであり（横浜以外は男性宣教師は1名ずつ）、各宣教拠点ごとの組織立った活動がなされていたかどうかは判断が分かれるところであろう。1886年からアメリカン・バプテスト・ミッショナリー・マガジン（*American Baptist Missionary Magazine*、以下、注においても『*BMM*』と略す）の「日本宣教報告」に、「西日本地区」（West-Japan Department）という用語が出てくる。以下大島良雄、『A. A. Bennettと横浜バプテスト神学校』関東学院大学文学部1988年度紀要第55号を大島良雄、『A. A. Bennettと横浜バプテスト神学校』と略す。)

5) 髙橋楯雄、『日本バプテスト史略』上巻、大正12年、116-118頁参照。(以後、本書を髙橋楯雄、『史略』と略す。)髙橋楯雄は「本部伝道會社の經濟的事情」を挙げており、高野進は『A. A. ベンネット研究』1995年の361頁で時期尚早を理由に挙げていた。他にこの事実については高野進、『関東学院の源流を探る』関東学院大学出版会、2009年、14頁参照。またC. K. ハリントンは横浜バプテスト神学校創立25周年記念式典で「神学校の歴史」と題して講演していたが、その中でベンネットの神学校草創期の労苦について触れていた。

6) *American Baptist Missionary Magazine*, The American Baptist Missionary Union. Vol. 52, 1872, p.244.

7)　Ibid., p.244.

8)　ブライト博士は、当時の理事会執行部の書記（the Executive Committee responding Secretaries）を務めた。1849年すでに就任していたソロモン・ペック（S. Peck）らと理事会執行部の一員に選ばれていた。*BMM*, Vol.29. 1849, p.194. 参照。

9)　Ibid., p.175. 川島第二郎『ジョナサン・ゴーブル研究』1988年、新教出版社。川島によればゴーブルは帰国後、1872年4月に米国海外聖書協会で牧師向けの講演会を行っていた。102及び349頁参照。この天皇についての言及は、多くの説明を要するところであるが、J. ゴーブルはあたかも天皇が自身の神格化を廃止し、日本が開国に向かっていよいよ変化し、キリスト教を受け入れてきたかのような報告が記されていた。この内容はゴーブルが実際に年次総会で行った演説が基になっているようであるが、内容は極めて不明確なものであった。「キリシタン禁制の高札」撤廃は1873年2月24日のことであったが、前年の5月のABMU第58回年次総会時点では、あたかもゴーブルの尽力で「キリシタン禁制の高札」まで撤廃させることが出来たかのような誤解が生じたとされる。そこに同席していたN. ブラウンまで、「ゴーブルはその住民と政府の両方から信頼をかちえた。帝がキリスト教禁止令を撤廃したという先週届いた知らせはこの時代の最大の出来事のひとつである」と述べ、「神の子孫として国民を支配する権威を持つと思われていた帝は、普通の人間並みのところまで落ちてしまったのである」（*The Japan Weekly Mail*, Dec.7. 1872, pp.782-783.）と語ったという。日本という宣教地を開拓した第一人者としてブラウンがゴーブルを高く評価したと伝えられている。このブラウンの言及が『ニューヨーク・トリビューン』紙に誤報され、間もなくゴーブルが天皇を回心させたという「帝回心」問題として物議をかもしたという。それがさらに『イグザミナー』、『クロニクル』などの宗教各紙にも記載され拡散したのであった。この誤報はすぐに英国系の『ウィークリー・メイル』によって批判された。詳細は、川島第二郎『ジョナサン・ゴーブル研究』95頁以下を是非参照して欲しい。またゴーブルが出版した聖書は『摩太福音書』だけであり、『エペソ書』他は他のローマ字訳稿と共に出版されずに終わった。そこで筆者の判断で引用箇所に（一部を）を挿入している。

10)　Ibid., p.175.

11)　Ibid., pp.334-336.

12)　"Reported Destruction by Fire of the Steam-Ship America", Pacific Mail Steam Ship Company, *New York Times*, September 4, 1872.

13)　J. ゴーブルが意図的に岩倉使節団の船に乗船することを計画したか否かについては、川島第二郎は、『ジョナサン・ゴーブル研究』の23頁でその可能性を否定してはいない。

14)　*American Baptist and Freeman*, March 28. April. 4, 1872. J. ゴーブルの働きかけに関しては以下の文献を参照、確認されたい。J. N. Murdock's letter to Rev. J. Goble, May

8, 1872.

15）*BMM*, 1872, p.281.

16）*BMM*, 1873, pp.280-281.

17）この時期 N. ブラウンは妻の病、3 人の子どもを相次いで失うという苦難に遭遇していた。

18）Walter Sinclair Stewart, *Early Baptist Missionaries and Pioneers, Baptist Missionaries and Pioneers Volume II.* The Judson Press, 1925, pp.59-69（以後本書を、*Early Baptist Missionaries and Pioneers* と略す。）

19）N. ブラウンは当時 65 歳であり、日本への宣教はいわば死を覚悟しての挑戦であったという。「今後十年生きて、日本人に神の言葉を伝え、横浜で 50 人の信者を持つ教会形成が出来れば、自分の努めは報われるものと考えている」との言葉を残していた。*BMM*, Vol.61. 1881, p. 378.

20）Robert G. Torbe, *Venture of Faith the Story of the American Baptist Foreign Mission Society and the Women's American Baptist Foreign Mission Society 1814-1954. With a foreword by Jesse R. Wilson.* Philadelphia, Judson Press. 1955, p.111. 初期、この分裂はバプテスト外国宣教委員会で反対されていた。（以下本書を、Robert G. Torbe, *Venture of Faith the Story of the American Baptist* と略す）。

21）Edmund F. Merriam, *A History of American Baptist Missions,* American Baptist Publication Society. pp.92-93.（以下本書を、Edmund F. Merriam, *A History of American Baptist Missions* と略す。）すると 3 年間は日本宣教事業は両組織共同の形で行われたものであったというべきであろう。

22）*The Japan Weekly Mail,* Feb. 8, 1873, p93. に Shipping Intelligence「船舶情報」があるが、そこに Arrivals - Feb. 7, China American steamer. 乗客覧には Revd. Nathan Brown, D. D., Wife and 2 Children, Revd. J. Goble, Wife and 2 Children, と記載が確認される。1873（明治 6）年 2 月 24 日、明治政府は「太政官布告第 68 号」によりキリシタン禁制の高札を撤去している。なお、N. ブラウンは 1871 年に 40 年苦楽を共にした妻エリザ（Eliza Ballard）を亡くし、翌年日本宣教に際して未亡人であったシャーロット A.［ワース］マーリ（Mrs. Charlotte A.［Worth］Marli）と再婚し来日していた。この時ブラウンは 2 人の娘を連れてきていた。Elizabeth W. Brown, *The whole world kin: a pioneer experience among remote tribes, and other labors of Nathan Brown.* Hubbard Brothers, Publishers, Philadelphia. 1890, p.521.（以下本書を、Elizabeth W. Brown, *The whole world kin* と略す。）

23）James Edward Hoare, *Japanese Treaty Port 1868- 1899: A Study the Foreign Settlements.* A thesis presented for the degree of Doctor of Philosophy of the University of London. December 1970, p.52. 鈴木康夫『横浜外国人居留地における近代警察の創設治安の維持と不平等条約』（Maintenance of Order ＆ Unequal Treaties）、警察政策

学会、警察史研究部会、2016 年、48 頁参照。E. S. ベンソンは 1871 年から 1878 年まで外国人居留地の取締役長官を務めた。斎藤多喜夫『幕末・明治の横浜 西洋文化事始め』明石書店、2017 年、また、『横浜開港資料館資料総覧』外国人警官人員等一覧表、86 頁参照。E. S. ベンソンが何故自分の邸宅を 2 人の宣教師に貸したのかは不明であるが、当時「居留地警察権の回復」が課題とされており、E. S. ベンソンはちょうどその頃、「ベンソン解職すべき」との声が上がっていたとの記事が記録されている。関係の有無は定かでないが、居留地では日々新しい問題が発生し、各国公使と外国官副知事、維新政府の間で談判齟齬問題が頻発していたという。修好通商条約の調印（1858〔安政 5〕年 6 月 19 日）により条約締結国（アメリカ・イギリス・フランス・オランダ・ロシア）住民は、1859 年より順次設けられた居留地（箱館・神奈川［横浜］・長崎・兵庫［神戸］・新潟・東京・大阪）における居住が可能になっていた。それは海外宣教団体にとって新しい時の到来を意味した。

24) 横浜浸礼教会（または横浜第一浸礼教会）は、設立当初「横浜浸（しずめ）教会」とよばれていたとも伝えられる。なおミセス・ブラウンのデイ・スクールは、地域の少女を集めて始めた学校であった。

25) N. ブラウンは息子ピアスを迎えると、初めは居留地 80 番に印刷所を設けさせ、『聖書之抄書』の印刷にとりかかった。翌 75 年に山手 67 番地に移り、以後閉鎖されるまで「横浜・バイブル・プレス」はその地にあった。67 番地の家は四室の 1 階建てで、ピアスはその一室に印刷所を設けたとされる。父ブラウン一家が移転していた翌年、別棟の印刷所が家の裏手（南側）に建てられている。髙橋楯雄『史略』上巻、116 頁参照。N. ブラウンは 1874 年に日本の各派共同の「翻訳委員社中」に招かれたが、「バプテスマ」の訳語「浸」を主張し同委員会を 1876 年 1 月に脱退した。そして自らの "ひらがなわかちがき" 聖書、『志無也久世無志與』を 1880（明治 13）年 4 月に出版した。これは日本で最初の新約聖書全訳であった。「横浜・バイブル・プレス」は N. ブラウンの死没後、1887 年、教役者版『新約全書』、『基督教讚美歌』など出版後に閉鎖された。

26) Elizabeth W. Brown, *The whole world kin,* p.530. なおこの会堂も 1883（明治 16）年 11 月 9 日に再び元町の火事で全焼して建て替えられていた。この時も ABMU への支援を求めたが、「自給の策を樹て、教會員の寄附金に依って」再建したという。この第二会堂献堂式の折りに「横浜第一バプテスト教会」と名称変更を行っていたと伝えられる。『横浜市史稿』（1973 年）、189 頁参照。但し、当初教会は「横浜バプテスマ教会」と呼ばれていたこともあったとの情報もある。

27) J. T. ドーエンは洗礼を受けていたが浸礼を受け、バプテストとなった。

28) Ibid., p.568. 他に Wilbur Brown Parshley, *Albert Aenold Bennett Teacher, Preacher, Feiend Missuinary of the American Baptist Missionary Union at Yokohama,* Japan. 1879-1909. 1909, pp.2-3. 参照。A. A. ベンネットは、アメリカ合衆国ペンシルベニア州フィ

ラデルフィアに生まれた。1872年ブラウン大学を卒業。さらに1875年、シカゴのバプテスト・ユニオン神学校を卒業し、マサチューセッツ州ハリストンのバプテスト教会牧師に就任した。1879年9月30日にメラ・イザベル・バロウズ（Mela Isabel Barrows, 1858-1936）と結婚、同年12月6日に夫妻で来日。横浜を拠点に神奈川県内や八王子などで伝道に従事し、1884年10月6日に、設立した横浜バプテスト神学校の校長となり日本人伝道者の育成に努めた。1886年、N.ブラウンの死去に伴い横浜バプテスト教会牧師に就任。1896年6月15日に起こった明治三陸地震による津波災害においては、その被害調査と救援活動に一ヶ月間尽力した。1909年10月11日に行われた横浜バプテスト神学校創立25年記念会に病を押して出席し、翌日死没している。

29) Sophie Bronson Titterington, *Century of Baptist Foreign Missions. An Outline Sketch.* Philadelphia: American Baptist Publication Society, 1891, p. 217 以下参照。

30) Ibid., p.226.

31) *BMM*, Vol.64. 1884, p.275. 大島良雄は『日本につくした宣教師たち』（ヨルダン社、1997年）の19頁に、「『プロテスタント・ミッションが初めて伝来してからの17年』というのは、プロテスタントで受洗者第一号となった矢野元隆が1865年に信者になってから数えての年数と思われる」と解説を付している。なおこの時のリバイバルについては、髙橋楯雄『史略』上巻、96頁以下も参照。

32) 以上は『*BMM*』の以下の頁を参照されたい。1874年・p.269、1875年・p.279、1876年・p.281、1877年・p.251、1878年・p.280、1879年・p.271、1880年・p.280、1881年・p.268、1882年・p.280、1883年・p.268。

33) 死没者、退会者、除籍者もあっての会員数である。

34) この学校は1880年11月9日から「喜田英和女学校」となり、その後「駿台英和女学校」へと発展したものである。

35) 『関東学院大学のあゆみ』関東学院大学高等教育研究・開発センター、2017年、22頁参照。「基督教への邪教観が支配的な日本においては、日本人への伝道は、日本人の伝道者によることが最良である。」との考え方があったという。

36) *BMM*, Vol.60. 1880, p.368.

37) *BMM*, Vol.66. 1886, p.291.

38) 髙橋楯雄、『史略』上巻、11頁以下参照。

39) 大島良雄、『A. A. Bennett を中心とした横浜バプテスト神学校小史』関東学院大学図書館『研究会報』1990年 A. A. ベンネット博士召天89周年記念特集、関東学院大学図書館・大学史関係資料室。12頁以下（以下本書を、大島良雄『横浜バプテスト神学校小史』と略す。）他に、関東学院大学文学部『紀要』第71号、1994年度関東学院大学人文学会、「バプテストの初期日本伝道」も参照。

40) 高野進、『A・A・ベンネット研究—ある異質な指導者像』、ヨルダン社、1995年（以

下本書を高野進、『A・A・ベンネット研究』と略す。)、大島良雄、『バプテストの横浜地区伝道　1873-1941年』、ダビデ社、2007年、参照。

41）*BMM,* Vol.64. 1884. pp.253-254. また、ベンネット夫人、『ベンネット　その生涯と人物』12頁以下には、来日一年後、ベンネットは説教指導に4人の奉仕者を週に1回招き指導していたが、回数が2回3回と増えていきついに毎日になったこと。そこにH. H. リース博士の助手が加わり「神学校設立が促進された」と記され、1884（明治17）年10月、「最初の学生は5人で」開校されたと記されていた。

42）Ibid., p.277.

43）A. A. Bennett's letter to Dr. Murdock Mar. 9. 1884. この引用は大島良雄『横浜バプテスト神学校小史』12頁。

44）同上。

45）*BMM,* Vol.65. 1885. p.282. A. A. ベンネットではないが、1884年9月の「仙台レポート」にT. P. ポートは「八戸の中野が牧師志願者として申し出た」こと。「私は来月私たちが横浜に開校を希望している神学校に彼を送ることを約束した」との神学校関連報告が存在した。神学校への言及は、「日本宣教報告」として僅かであっても、同書の1886年、1887年、1888年と続くが、神学校設立財政支援も再申請は出てこない。髙橋楯雄によれば、明治17年18年には11名の学生がいたという。例えば池田清道は1880年に古川にてポートからバプテスマを受け、秋には花巻に聖書販売と宣教に遣わされているのであるから、任職はされていないが立派に伝道者として働いていたことになる。なお、注41に触れたように創設時の神学校の最初の学生数は5名であった。この引用文も大島訳を引用している。

46）髙橋楯雄、『史略』上巻、115頁。

47）同書、115頁。初めは64番地の洋館、家賃が支払えず、市内の日本家屋に移り、ベンネット宅の後ろの家に移る。幾度も移転し、86年の末に山手75番地のミッションの家に移動。ミス・サンズ、ポートの住居であったがそこを修復して校舎兼宿舎にした。階下二室が教室、階上二室が学生寄宿舎、その一室にハリントンの部屋があった。10年後の新校舎はこの場所に新築された。

48）同書、118頁。

49）A. A. Bennett's letter to Dr. Murdock, Sep. 1884.

50）*BMM,* Vol.53. 1873. p.299.

51）*BMM,* Vol.54. 1874. p. 273. *BMM,* Vol.55. 1875. p. 283.

52）それぞれの「日本宣教資金支出記録」は以下の『*BMM*』を参照。1873年（Vol.53. p.299）、1884年（Vol.64. p.302）、1885年（Vol.65. pp.314-315.）、1886年（Vol.66. p.318.）、1894年（Vol.74. p.392）1895年からは，神学校運営に携わる関係者ごとに諸経費が追加されていく形をとる。

53）N. ブラウンの給料は『*BMM*』によれば、1873年：1,200ドル、1874年：1,250ドル、

1875 年：1,500 ドル、1876 年：1,440 ドル、1877 年：1,714 ドル、1878 年：1,200 ドルと若干の変動が見られるが、基本給が 1,200 ドルであり、上回っている分は N. ブラウンへの個人指定献金などが加わっているものと推測される。

54) *BMM,* Vol.75. 1895, pp.375-377.

55) C. H. カーペンターは 1835 年ノースカロライナのミルフォード（Milfoerd）に生まれる。1859 年ハーバード大学を卒業後ニュートン神学校で学び、そこで出会ったハリエット・エリザベス・ライス（Harriet Elizabeth Rice, 1873-1906）と結婚、ビルマ派遣宣教師となる。1863 年からビルマ、ラングーン伝道に着手。J. G. ビニーの下で神学校教師として活動を始めた。1868 年には神学校教師を辞め、バセイン・スゴーカレン・ミッションに本務を移し、自らの「セルフサポート」宣教論を前任者たちの主張と実践の上に提唱、自ら現地教会の自立を牽引し、1868 年から 1872 年まで、また 1875 年から 1880 年 11 月まで、それらの働きに尽力した。前期はスゴーカレンの人々を、経済的にも伝道の働きにおいても自立させるための活動を行い、学校再建を果たした。休暇帰国後の後期は、最初はラングーン・バプテスト・カレッジ学長としてビルマに戻ったが、カレッジの移転問題を機にバセイン伝道に活動の軸を移すこととなり、女子神学校設立を目指して、バセインからシャム国境沿いに至る広域伝道に挑戦した。その中で、バセイン・スゴーカレン・ミッションの自立のために「E. L. アボット基金」を設立したことなど注目すべき働きを行っている。彼はバセイン宣教に成功を収めたが、体調を崩し宣教地を後にした。帰国後は ABMU の「補助金制度」の弊害を指摘して本部の宣教方針の変更を願ったが聴き入れられず、1883 年 1 月に当時の ABMU の通信担当書記の人事刷新を求める『請願書』を ABMU 理事会に提出し、さらに 11 月には『セルフサポート』を出版した。また 1885 年から 1886 年までに 5 冊のトラクト（Missionary Tracts for the Times）を発行し、ABMU の改革を求め自説を世に訴えた。しかし ABMU は C. H. カーペンターの提案に耳を貸さなかったために、カーペンター自ら 1886 年に『セルフサポート』再販を行い、ABMU を脱退し、同時に日本の北海道にアイヌ伝道を志し来日、根室で自給伝道を開始した。しかし極寒の地に体調を悪化させたカーペンターは 1887 年 2 月 2 日、来日 5 ヶ月で死没した。ただし彼の死後、カーペンター夫人が根室伝道を引き継ぎ、根室にはやがて根室浸礼教会が 1888 年に設立されて今日に至っている。教会は 1890 年 4 月に ABMU に加入し、北海道の重要宣教拠点とされた。

56) この請願書は実は同年 1 月 1 日付けでマサチューセッツ州ニュートン・センターに提出されたもので、理事会にかけられるまで執行部に保管されていた。

57) Carpenter, Chapin Howard, *Studies in Mission Economics; including "Self-help in Missions" by Rev. Franklin Johnson.* Boston: printed for the author, 1886.（以後、本書を Carpenter, *Mission Economics* と略す。）

58) この件には 2023 年、山田三千江、日本バプテスト神学校卒業論文「C. H. カーペン

ター研究」34 頁以下参照。山田論文がこの『請願書』の存在を明らかにした最初の
論文であることを明記しておく。

59) *BMM,* Vol.63. 1883, p.203. この会議の午後 3 時からの会で F. M. エリス博士（Dr. F. M.
Ellis）の提案により、C. H. カーペンターの提出した『請願書』に関し帰国中のすべ
ての関係宣教師の意見が求められたが、その中に F. S. ドビンズが含まれていた。こ
れは F. S. ドビンズが唯一召喚できる日本宣教師会の署名者だったことを推測させる。
F. S. ドビンズが 2 度目の帰国をしたのは 1882 年 12 月 2 日のことで、彼は再三日本
宣教師会には世話になっていた。アメリカから送られた C. H. カーペンターの『請願
書』、趣意書を N. ブラウンらと共に見て、F. S. ドビンズだけが消極的になり反対する
ことは考えにくい。エリスによる聴取は、C. H. カーペンター提案に従った者が公平
に同じ発言の機会を与えられたものであったと読むのが自然である。この報告を見る
限り各員が意見陳述を求められ、自己弁明を迫られたように見受けられる。

60) Carpenter, *Mission Economics,* p.260. 7 名とは、M. ジェイムソン（M. Jameson）、D. ダ
ウニー（D. Downie）、M. C. メイソン（M. C. Mason）、W. H. S. ハスコール（W. H. S.
Hascall）、D. H. ドレイク（D. H. Drake）、J. T. エルウェル（J. T. Elwell）、J. R. ゴ
ダール（J. R. Goddard）であった。彼らは全員宣教地より帰還した宣教師であった。

61) Ibid., p.260.

62) *BMM,* Vol.64. 1884, p.195.

63) 書名のバセイン・カレン・ミッションの「バセイン」とは地名を指す。「スゴー・カ
レン」は民族名。

64) Carpenter, Chapin Howard, *Self-support – Illustrated The History Of The Bassein Karen
Mission From 1840-1880,* Boston: The Franklin Press, 1883.（以下本書を、Carpenter,
Self-support と略す。）

65) 山田三千江、「C. H. カーペンター研究」2023 年 31 頁以下。山田は C. H. カーペンター
の『セルフサポート』における「補助金制度」の問題点を次の 4 点にまとめている。
1、聖書はキリスト者に皆が福音宣教に携わる事を求めているが、すべての教会員が
海外宣教に献金しなければならないと求めている訳ではない。2、現地宣教師が補助
金により生活を保障されることで、自分たちが現地教会の祈りによって支えられてい
る自覚を持ちにくくさせる傾向があること。3、この制度が多額の海外宣教資金をア
メリカ諸教会に求めることにより成立しているものであり、重い負担を課するものと
なってしまっていること。4、初代教会の使徒パウロのように、宣教師も必要な宣教
資金を本部宣教団体にただ頼るだけではなく、自分の努力によって創出していくこ
と、宣教師自身のセルフヘルプの精神は有益であることなどを列挙している。要する
に「巨額の宣教資金に頼る宣教方針」は、初代教会の使徒たちの実践には見られな
かったことであるということで、これまでの ABMU の海外宣教には贅沢なほどの支
出が行われているのではないかといった問題点を挙げている。C. H. カーペンターの

「セルフサポート」の内容について詳細は、山田論文を是非参照されたい。

66) *BMM*, Vol. 21. 1841, p.168.

67) *Board of Managers of Baptist General Convention.1814,* Proceedings of the Baptist Convention for Missionary Purposes. Philadelphia, 1814, pp.25-28.

68) Carpenter, *Mission Economics*, p.244. C. H. カーペンターは「理事会は非常に立派な組織で、保守主義でかなり腐敗している。」とはっきりと記している。

69) Ibid., p.240.

70) Ibid., p.241.

71) Ibid., p.225.

72) Constitution, *Ninety-First Annual Report of The American Baptist Missionary Union, The Foreign Missionary Society of Northern Baptists,* 1905, pp.387-389.

73) Carpenter, *Mission Economics*, pp.255-256.

74) ABMU Missionary Register, Rev. Frank S. Dobbins.

75) 1855 年 1 月にペンシルベニア州の出生。1876 年に初来日。1881 年 4 月フィラデルフィアにて American Baptist Publication Society から、*A foreign missionary manual: geographical, synoptical, statistical, and bibliographical* を出版。宣教師の為のガイドブックを著し、海外宣教を目指す人々への案内本を制作していた。またおそらく同年 *False Gods; or, The Idol Worship of the World, Hubbard Bros.,* Pulishers を出版。日本での体験を中心に、「日本の偶像礼拝と宗教」、バプテストが当時宣教地としていた多くの国々の偶像礼拝を紹介をしていた。1883 年には *Error's Chains: How Forged and Broken.* をニューヨークの Standard Publishing House から出版している。こちらは横浜で執筆し帰国後出版したものと思われる。

76) 大島良雄『バプテストの横浜地区伝道　1873-1941 年』ダビデ社、2007 年、20 頁。1877 年『*BMM*』年次総会報告、234 頁に 1 回目の来日報告がある。そこには「ドビンズ夫人の健康が横浜到着以来ずっと非常によくない」と報告され、翌年の 7 月の年次報告には「ドビンズ夫人が再び日本に戻ることを期待できないのでドビンズ氏の辞任が受理された」と記されていた。報告にはこれを「ミッションの歴史に残る落胆する出来事」と形容していた。2 回目の報告は、1882 年『*BMM*』年次総会報告 262-263 頁にあり、東京での活動予定が記されているが、この時はドビンズ宣教師自身の健康問題が指摘されていた。

77) *BMM*, 1883, p.296.

78) Carpenter, *Mission Economics,* pp.261-263. C. H. カーペンターはそこで、通信書記が「何年でも自分の政策や利益の邪魔になる人物を犠牲にする」つもりでいたのではないかとまで記している。

79) *BMM*, Vol.63. 1883, pp.364-366. p.370. 故会計担当者とはトレジャラー、フリーマン・A・スミス（Treasurer, Freeman A. Smith）であった。

80）Carpenter, *Missionary Tracts for The Times, No.4, Self-supporting Schools in Our Missions: How They may be Escaped, A Problem for the Songs of Issachar,* Boston: P.T. Bartlett, 1885. pp.151-152. *BMM,* Vol.63, pp.364-369. 報告書のタイトルは「アメリカ・バプテスト・ミッショナリーユニオンの財政運営批判に答える」(REPLY TO CRITICISMS ON THE FINANCIAL MANAGEMENT OF THE AMERICAN BAPTIST MISSIONARY UNION) であった。ここでは内容説明を省くので是非参照願いたい。

81）J. ゴーブルは 1882 年に夫人を横浜で失っており、一時期横浜第一浸礼教会に復帰したが翌年帰国し、1897（明治 30）年にセントルイスで死没した。1873 年 12 月来、ABMU を離れていたわけであるから、『請願書』署名の立場にはなかったと推定される。石川寿一郎を殴打したことは川島第二郎が詳しい。そのために J. ゴーブルは教会を去る。

82）大島良雄、『横浜バプテスト神学校小史』、この論攷は『A. A. Bennett と横浜バプテスト神学校』（関東学院大学文学部、1989 年）、というタイトルの論文の講演原稿である。本稿は「A. A. ベンネット博士召天 80 周年記念」の講演録となる。ここに、1885 年以降の A. A. ベンネットの『BMM』に記載された報告や手紙が提示されている。『BMM』1887 年、229 ～ 293 頁、である。また同書の 1888 年、Vol.68、286 頁には「私たちの神学校」なる短い報告がある。しかしそれに対する ABMU 側からの応答は特にない。1895 年以降の神学校関係記事は、財政援助が始まるのでここでは区別する。

83）高野進、『A. A. ベンネット研究』、361 頁。

84）*BMM,* Vol.65. 1885. pp.185-186.

85）*BMM,* Vol.66. 1888. p.291. "The Theological Seminary is struggling on." そこに「ベンネット報告」として以下のように記されている。「国内（日本）での資金調達が困難であること、外国通貨が減価している時期であること、援助者の数が減るよりもむしろ増えるべき時期であることは重大な不幸である」と。ベンネットは来日時より自給教会形成に理想を託していたが、自給にはほど遠い日本宣教の現実の中で苦労していた。

86）Edward Judson, *The Life of Adoniram Judson,* Philadelphia Baptist Publication Society. 1894. p.212 以下参照。彼は初期に「マタイによる福音書」翻訳と簡単な文法解説書 (the Grammatical Notices of the Burmese Language) を翻訳、第一次英緬戦争後、一端帰米、現場復帰した彼は本格的な辞書編纂（英 - 緬、1894 年・緬 - 英、1852 年）、などを行っている。

87）ビルマの一部が英国領となったことから、宣教拠点はアラカン地方 (Arakan)、アマースト (Amherst) まで拡大していった。妻アン (Ann Haseltine) の急死は大きな痛手となった。

88）Hitomi Fujimura, "A View of the Karen Baptists in Burma of the Mid-Nineteenth

Century, from the Standpoint of the American Baptist Mission." *The Journal of Sophia Asian Studies,* No.32, 2014. Osaka University, p.113.

89) Memoir of George Dana Boardman, *Late Missionary to Burmah. Containing Much Imtelligence Relative to the Burman Mission, By Alonzo King. With an Introductory Essay.* Boston. 1836, p.14.（以後本書を Memoir of George Dana Boardman, *Late Missionary to Burmah* と略す。）

90) Ibid., p.23.

91) Francis Mason, *The Karen apostle : or, Memoir of Ko Thah-byu, the first Karen convert, with an historical and geographical account of the nation, its traditions, precepts, rites, &c.* Boston : Gould, Kendall, and Lincoln.1847.（以後、Francis Mason, *The Karen apostle* と略す。）コータービュ（Ko-Thah-Byu）の生涯と働きについては、フランシス・メイスンの『カレンの使徒』で読むことができる。28 頁以降にコータービュがカレン族を訪問しにジャングルに入っていった詳しい報告が出てくる。また第 7 章の現地人伝道者の活躍とその成功の章は非常に興味深い。

92) 他の資料によると、訪れた人物とは英国系の宣教師で『祈禱書』を残していったという。

93) *American Baptist Magazine,* July. 1829, pp.242-246.（以後本書を *ABM* と略す。）Robert G. Torbe, *Venture of Faith the Story of the American Baptist,* pp.40-43.

94) Memoir of George Dana Boardman, *Late Missionary to Burmah,* p.164.

95) Harry Ignatius Marshall, *The Karen People of Burma: A Study in Anthropology and Ethnology Columbus,* Ohio State University Press. 1922, Chapter2. "The Origin of The Karen", pp.6-8.

96) Memoir of George Dana Boardman, *Late Missionary to Burmah,* p.23.

97) *ABM*、May. 1829, pp.170-171; July. 1829, pp.242-244, August. 1829, p.278, p.281.

98) "Mason, Francis". *Encyclopædia Britannica.* Vol.17（11th ed.). Cambridge University Press. 1910, p. 837.

99) Francis Mason, *Synopsis of the Grammar of the Karen language, embracing both dialects, Sgau and Pgho or Sho.* Karen Mission Press, 1846. Preface. 参照。聖書はタイトルがあり、The New Testament of Our Lord and Saviour Jesus Christ, in Sgau Kare 1850. モールメインに 刊行されている。彼は旧新約両聖書の翻訳版を 1853 年に The American and Foreign Bible Society の援助のもと、タヴォイで刊行した。

100) Robert G. Torbe, *Venture of Faith the Story of the American,* p.238.

101) Francis Mason, *The Karen apostle,*. 1846, pp.122-126.

102) ビルマ政府の弾圧とは、ボードマン、ウェイド以来生じたカレン族の変化、急激なキリスト教化や言語能力の取得に危機感をつのらせた政府が、彼らが政府転覆勢力にもなりかねないという誤解をしたため起こったものであった。E. L. アボットは 1835 年

ハミルトン文学神学研究所を卒業し、モールマンの近くのバル島に滞在し、カレン語
を習得した。

103）Edmund F. Merriam, *A History of American Baptist Mission*, p.44. *BMM*, vol.24. 1844,
　　pp.203-204.

104）*BMM*, Vol.31. 1851, pp275-276.

105）Carpenter, Chapin Howard, *Self-support – Illustrated The History of The Bassein Karen
　　Mission From 1840-1880*, Boston: The Franklin Press, 1883, pp. 7-9. pp. 172-175.（以
　　後、本書を Carpenter, *Self-support* と略す。）ラングーンにも 1854 年であったが「ラ
　　ングーン・ホーム・ミッション協会」（Rangoon Home Mission Society）が J. H. ヴィ
　　ントン（Justus Hatch Vinton, 1806-1858）の手によって設立されている。

106）*BMM*, Vol.31. 1851, pp.198-199.

107）Ibid., p.199.

108）アボットは 1853 年 1 月 8 日、ボストンに帰国すると、翌年 12 月 3 日ニューヨーク州
　　オスウェゴ（Oswego）で死没している。J. S. ビーチャーの継承については、前出山
　　田論文「C. H. カーペンター研究」9 頁以降を参照。

109）この本国打診とその後の彼の独自の任職事例に関しては前出、山田論文の 7 頁以降に
　　詳しいのでそちらを参照されたい。

110）*BMM*, Vol.24. 1844, p.202.

111）Ibid., pp.202-203.

112）*Watchman and Reflector*, January 16, 1851, p.10.　当時の「バプテスト紙」について
　　は、T. アーミティジ（Thomas Armitage）の「初期アメリカ・バプテストの新聞」
　　（*Early American Baptist Newspapers*）があるので参照されたい。Thomas Armitage, *A
　　History of the Baptists, Volume 2*, 1890; reprint, 1988, pp. 882-887.

113）*Cherokee Missionaries. At a meeting of the American Board of Commissioners for Foreign
　　Missions*, Published November, the American Board of Commissioners for Foreign
　　Missions, 1831. pp.2-3. ウースターはバーモントのピーチャム（Peacham）に 1798 年
　　に生まれた。自らチェロキー族への宣教師となり自分の体験から ABCFM にネイティ
　　ブインディアンへの宣教報告を行い、宣教方法の提言をした。*Assorted documents
　　titled "Rev. W.S Robertson" and "Some history of missionary work among the Cherokees and
　　Creeks", Report listing missionaries, books, and pamphlets printed in multiple Native
　　languages*, 1843, Gilcrease Museum. The University of Tulsa. Oklahoma. 参照。「アメ
　　リカ外国宣教委員会」は 1810 年に設置された。先住民宣教においてキリスト教教育、
　　教会の礼拝、農業、家事労働が、アメリカ先住民が西洋文明に順応するのに役立つと
　　確信して伝道した。その報告は理事会の機関紙、"*Missionary Herald*" に頻繁に報告さ
　　れている。チェロキー・ネーションのパークヒル（Park Hill）にて 1859 年 4 月死没。

114）アレクサンダー・ダフ（Alexander Duff）は、スコットランド自由教会の総会議長で

あり、外国伝道委員会の招集者でもあった。彼はスコットランド教会によって派遣された最初の海外宣教師であり、インド宣教師となった。彼はインドの高等教育の発展に大きな役割を果たしている。また 1830 年 7 月 13 日、彼はカルカッタにゼネラルカンファレンス カレッジ（現在の Scottish Church College）を設立した。

115) Mason, Francis. *The Karen apostle : or, Memoir of Ko Thah-byu, the first Karen convert, with an historical and geographical account of the nation, its traditions, precepts, rites, & c.* 1847. p.82. メイスンはコータービュの業を「神の力以外に何があったのだろうか。また、福音が宣べ伝えられるあらゆる異教徒の居住地でも、神は同じことを行うことができるであろう」と語り、コータービュを見てこの民族一般に当てはめたりすべきではないという見解を強調した。

116) *BMM*, Vol.22, 1842, pp.84-85. カレン族の伝道者教育が決して十分なものではないことが指摘されている。

117) *BMM*, Vol.24. 1844, p.203.

118) *BMM*, Vol.28. 1848, p.228.

119) *BMM*, Vol.22. 1842, p.84. F. メイスンは「化学、幾何学、三角法、測量、計測、ナイセルトの平均値については、何も考えていない」と記している。また、*The story of a working man's life: with sketches of travel in Europe, Asia, Africa, and America, as related by himself.* By Francis Mason, D. D. With an introduction, by William R. Williams. New York: Oakley, Mandon & Co., 1870, p.276. F. メイスンは信仰的な知識だけでなく、科学的な知識も生徒たちに与えたいと考え、「三角法、およびその土地測定への応用」といったカレン人に今後役立つと思われる冊子を出版したという。しかし反応はまったくなかったという。

120) Ibid., pp.276-277.

121) Carpenter, *Self-support*, p.311. *BMM*, Vol.49. p.119. C. H. カーペンターは、ビルマでのカレッジ構想提案の中で必要な教師の要件の中に「高等教育教員の資格と適性を持つ実務経験者」をあげていたが、J. G. ビニー（J. G. Binney, 1807-1877）のような優れた教育者が必要であった。ビニー自身が同様の主張を唱えていた。

122) Elizabeth W. Brown, *The whole world kin*, pp.464-465. (Interview with Abraham Lincoln). 1862 年 12 月 30 日、ブラウンはホワイトハウスにハーラン上院議員（Senator Harlan）に案内されリンカーン大統領と面会している。その時の状況が克明に報告されている。*Early Baptist Missionaries and Pioneers*, American Baptist Convention. Board of Education, p.72. N. ブラウンがアッサム宣教から帰国し、まだ健康状態が不完全であったにも拘らず奴隷解放のためにリンカーン大統領に謁見した話は有名である。1862 年 12 月、N. ブラウンは奴隷廃止論者としてリンカーン大統領を訪ね、快く迎えられた。N. ブラウンは大統領に記念品を贈り、奴隷の解放宣言をするよう要請した。

123) *Ninety-first Annual Report of the American Baptist Missionary Union, The Baptist Missionary Society of Northern Baptist, 1904-1905, Missionary Rooms, Boston,* Annual Receipts of The American Baptist Missionary Union, From the date of organization through the year ending March 3.1, 1905, P.386.

124) この女学校とは、髙橋楢雄によれば 1875 年に J. H. アーサーが創設した女学校であり、同年 12 月 12 日に英和駿台学校として東京府に私学開業願いが出された学校であった。詳細は小玉敏子「アンナ・H・キダーと駿台英和女学校」、『英学史研究』（2000 年）33 号参照。

125) 大島良雄、『いむまぬえる』No.38. 7 月号 1986, p.10.

126) ヘンリー・クレイ・メービー（Henry Clay Mabie, 1847-1918）は、1847 年イリノイ州ベルビディアに生まれる。シカゴ大学を 1868 年に卒業すると、ムーディー（D.L. Moody）の影響を受け、イリノイ州ロックフォードのステート・ストリート・チャーチなどではリバイバル説教を行い、数教会牧師を歴任、神学校に戻り優れた牧会説教、教会形成を行った。1879 年にインディアナポリスの中央バプテスト教会を牧会した後、彼は ABMU に招かれ、通信担当書記としての役割を担うこととなった。説教家であり、神学者であったメービーは、宣教学においても優れた学識を持ち、その業績は今日でも高く評価され、今も研究論文が書かれている。関東学院との関係については、高野進、『関東学院の源流を探る』335 頁以下を参照。

127) Henry Clay Mabie, *From romance to reality; the merging of a life in a world movement, an autobiography,* 1917, p. 141.（以下本書を , Henry Clay Mabie, *From romance to reality* と略す。）

128) A. A. ベンネットが『自立支援に関する報告書』冒頭に書いているように、海外宣教活動の初めから「セルフサポート」は彼自身の関心事であったことが分かる。『BMM』の宣教報告をたどると、「セルフサポート」による日本の教会形成について明確に言及していたのは、例えば『BMM』1884 年の東北宣教報告（T. P. ポート）などに見られた。「自給に向けて良き成長が見られる。教会員たちが自らの責任に目覚め始め一人の会員が広い農地を仙台教会に寄付した」といった報告がなされていた。ベンネット自身の報告の中には、『BMM』1884 年の「横浜宣教報告」の中に、最近横浜教会では「自分たちのチャペルの再建のために会員がその費用を捧げている」との言及が見られる他、1887 年の教会員の盛んな献金活動、「みつばち献金」についての言及などが見られる。神学校が明治 16 年に二度目の火災に遭った時、注 26 に言及したように、ABMU に援助を求めたものの、結局「自給の精神」で教会員の寄付金により会堂再建を果たした事実があった。そうした経緯を見ても日本宣教師会が「セルフサポート」の精神で日本宣教に当たっていたことがうかがえる。ベンネットの報告中の『年間』とは、*The Japan Christian Year Book Christian,* Literature Society, 1907, 1908. のことであると推測される。

129) 横浜浸礼教会は 1905 年に自給独立教会になっていた。横浜浸礼教会は 1888 年から ABMU 会堂建築資金の借用があったというが、一年ごとに返済を継続し、完済し自給教会となった。この当時ヴィロウダキ（Mr.Viloudaki）が「教会の自給」問題を取りあげ、その課題と取り組んでいた三田村新七がいたことが知られている。大島良雄、『バプテストの横浜地区伝道 1873-1941 年』、2007 年、181 頁参照。

130) *BMM*, Vol.78. 1898. pp.108-109. 1898 年の宣教報告には日本における「セルフサポート」の実践と論理について、「セルフサポートとは何か？」という W. B. Parshley（Wilbur Brown Parshley, 1859-1930）の論説が掲載されていた。パーシュレイは結論として、自立教会を定義して「経済的な支援については、外国人からの必要不可欠な援助がなくても、教会の機能を十分に果たしている教会が自立した教会である」と記している。言い換えると「宣教師が教会員であろうとなかろうと、外国人である私的献金が不可欠であれば、それは自立した教会とはいえない」のだとしている。そして「今、極めて重要なことは、教会が霊的に自立していることである。教会は自分たちの原動力となり、自分たちの規律を守り、外国の影響に左右されることなく、帝国のあらゆる場所に本国宣教を自らの手で推し進めなければならない。」と結んでいた。この論理によれば根室に C. H. カーペンターが設立した教会は、カーペンター宣教師夫妻が根室教会会員の一人であったとしても、日本人の手によっては経済的自立ができていない以上、真の意味では自立教会とはいえないということになる。外国人宣教師の献金による貢献が大きいか小さいかにかかわらず、それが教会を支えるために必要不可欠なものであるならば、日本人教会の自立とはいえないというわけである。これらの議論を見ても、日本宣教師会が「セルフサポート」宣教論をどれほど真剣に捉えてきたかが推察される。同書 262 頁の（The True Ideal of Missions）によれば「現地人の牧師に対する宣教師の態度は、イエスに対するバプテスマのヨハネのようなものでなければならない。彼は増えなければならないが、私は減らなければならない」。と記されていた。

131) 1887 年の『*BMM*』年次総会「日本宣教報告」には、自給教会形成を目指す A. A. ベンネットの次のような報告があった。「私はこの近辺の教会の信徒たちが、教会やその他の目的のために集めたお金の正確な額を確認したことがありません。おそらく、昨年度の献金は以前の数年間よりも多いとは言えないでしょう。しかし、彼らが行う献金行為はより一般的でより良い宗教生活を造り出すものであると考えています。彼らの譬えを使えば、ミツバチのように、すべての花から少しずつハチミツを取っておいて、巣を一杯にしようというわけです。またこの原則をお金だけに適用しているわけではありません。私が知る限り彼らは、教会におけるさまざまな奉仕の業にも多くの時間を捧げています。私の知る限り、この主の聖別は、私たち（宣教師）全員がそのために努めているわけですが、特別な誰か指導者の努力の結果によるものではなく、自分を召して下さった方を知り、与えられた信仰から自ずと生まれたものである

と私は確信しています」と。

132)*BMM,* Vol.78. 1989, pp.262-263. 1989 年第 84 回年次総会記録の「日本宣教報告」の中に、「セルフサポート」(self-support) という報告がなされていた。それは日本がそれまで取り組んできた「セルフサポート」宣教論の詳細な宣教方策論文であった。ここに日本の宣教師たちが実践し、体験的に練り上げた具体的な方法論が紹介されていたので、日本宣教師会の目指した「セルフサポート」宣教論に関心のある方は、是非とも一読されることをお勧めしておきたい。

133)日本の北部バプテスト系の教会が ABMU から自給独立を果たしたのは 1940（昭和15）年 10 月 15 日の「日本バプテスト基督教団第二回総会」のことで、アメリカ北部バプテスト日本宣教 67 年目のことであった。

134)*BMM,* Vol.75. 1895, pp.375-377, p.4.『*BMM*』1895 年の報告には、10 月 6 日に献堂されたと日付が異なっている。

135)テンネー、「我神学校の過去現在及び将来」『基督教報』第 438 号、大正 7 年 2 月 7 日刊。横浜バプテスト神学校第 2 代校長となった J. L. デーリングは 1894 年 1 月頃 A. A. ベンネットにより推薦され校長職に就いた。*BMM,* Vol.76. 1896, p.49. W. ワインド (William Wynd, 1865-1941) によれば、神学教育を予科、本科、別科に分ける神学課程改革を行い、W. B. パーシュレイ (Wilber Brown Parshley, 1859-1930) を根室から、C. B. テンネー (Charles Buckley Tenny, 1871-1936) を京都から教授陣に抜擢するなど教授陣の充実をはかった。高橋楯雄もデーリングに育てられた。彼は 14 年間神学校長職を務めた。デーリングについては大島良雄「JOHN LINCOLN DEARING 小伝―在任期間 1889-1916―」、関東学院大学文学部『紀要』1991 年第 63 号、161 頁以下を参照。

136)*BMM,* Vol.75. 1895, pp.377-378. カッコ内も原文のまま引用。星野光多（ほしの みつた）1860 年 7 月 6 日生まれ、1874 年 J. H. バラより受洗。中村正直家塾、慶応で修学、1883 年伝道を志し湯浅治郎の勧めを受け高崎伝道、1891 年フェリス女学校教頭、その後アメリカのユニオン神学校に留学となる。

137)Ibid., pp.11-12. その日は午後と、夕刻に礼拝が行われ、他教派の宣教師も出席し、祝電披露、A. A. ベンネットによる記念講演「真の神学」(The True Theology)〔Sratoga Managers meeting 報告〕が行われた。

138)*BMM,* Vol.74. 1891, p.198, p.211.

139)サミュエル・ホワイト・ダンカン (Samuel White Duncan) は、1838 年 12 月 19 日にマサチューセッツ州ヘイバーヒルでジェームズ・ヘンリー・ダンカン (1793-1869) とメアリー・ウィリス (1805-1888) の間に生まれた。12 歳のときにハーバーヒルの第一バプテスト教会で受浸、ニューハンプシャー州のキンボール・ユニオンとコルビー・アカデミーで学んだ。1856 年にブラウン大学に入学、1860 年に優等で卒業している。1861 年にニュートン神学校に入学した。彼はその後一時期、第 50 マサチュー

セッツ義勇歩兵隊の隊長を務めたが、除隊後、ロチェスター神学校に入学し、1866年に卒業。ユークリッド・アベニューの牧師をし1867年4月にはオハイオ州クリーブランドのバプテスト教会に就任した。ダンカンは1892年、ABMUの書記に選ばれ7年間、海外宣教問題と取り組んで、1898年10月30日、マサチューセッツ、ブルックラインで死没した。日本との関係は、東京学院設立時、彼がABMUの通信担当書記をしていたこと、並びに彼の仕事がビルマと日本の学校建設事業であったことに由来する。ダンカンは来日を計画しつつ果たせなかったが、妹のミセス・メアリー・ダンカン・ハリス（Mrs. Mary Duncan Harris）が多額の献金を日本に届け、東京学院の発展に寄与した。東京学院の英語名称が「ダンカン・バプテスト・アカデミー」（Duncan Baptist Academy）とされたことは周知の通りである。

140)*BMM,* Vol.70. 1890. p.340 この個人消息によれば、A. A. ベンネット一家は家族の健康上の理由で1890年の秋に帰国し、翌年の春まで一時帰国していた。また、ベンネット夫人『アルバート・アーノルド・ベンネット　その生涯と人物』の24頁によれば、初めは2年間の長期休暇を予定していたというが、神学校での任務を思い、急遽の帰国となったという。

　　Henry Clay Mabie, *From romance to reality,* pp.127-132.　本書に、H. C. メービーが1890年のシカゴのバプテスト創立記念会（1890, the Baptist Aniversaries, Chicago meeting）において書記に選出され、その任務に就く前に世界宣教地視察旅行を理事会から提案されたこと、またその最初の訪問地が日本であったことが記されている。彼が東洋への最初の長旅に出たのは8月初旬、サンフランシスコからであったという。H. C. メービーによれば、旅行の目的は、「公式な調査や批評的調査ではなく、現地の状況やニーズ、将来性を直接把握し、新鮮なインスピレーションを得るためのものであった」とされ、帰国後その報告の義務を負っていたという。従って各地の宣教師たちは彼の来訪を心待ちにしていたとも報告されていた。この時の旅行は以下の国々に及んだ。日本、中国、マレーシア、ビルマ、アッサム、インド、エジプト、パレスチナ、イタリア、フランス、イギリスの各宣教地であった。それぞれの任地で、ABMU本部への要望が伝えられたという。おそらく日本でも同様の現状報告と要望が伝えられたものと推測される。H. C. メービーが横浜に着くと、J. L. デーリング、C. K. ハリントン、S. W. ハンブレンら宣教師3人が船まで小型船で迎えに出たことが記録されている（128頁）。すると第一回目の来日時は、J. L. デーリングやC. K. ハリントンらから神学校の問題が新しい通信担当書記に伝えられたことが想像される。S. W. ハンブレンは、初めは仙台を拠点に活動したがこの時は東京を拠点に宣教活動を行っており、この時H. C. メービー来日を共に歓迎していた。

141)H. C. メービーは1882年にシカゴ大学から名誉神学博士の称号を授与されていた。Jeff Straub, Henry Clay Mabie（1847-1918: A *Baptist Missionary Statesman of Whom you've Never Heard,* 2022, Theological Issies. 参照。対日については *BMM,* Vol.70. 1890, p.368. そこには以下の記事がある。「Dr. Henry C. Mabie が通信員を引き受けたことは、広く知られている。メイビー博士が現役で活躍する前に、8月23日にサンフランシスコを出港し、日本、中国、シャム、ビルマ、アッサム、インド、ヨーロッパを順番に訪問する宣教師ツアーに出発される。この巡検は、博士がこれから開始する重要な任務のための最良の備えであり、宣教の意義を博士が学ばれる極めて重要な体験となるであろう。また各地で出会う宣教師たちに大きな励ましと慰めを与えることであろう。メービー博士は来年の春にはアメリカに帰国し、宣教同盟の年次総会で報告される予定である」。なお、シカゴ大学を H. C. メイビーは 1875 年に A. A. ベンネットと一緒に卒業していた。

142) *BMM,* Vol.74. 1894, p.200. これが、記録されている第80回年次総会における神学校に関する委員会の報告である。そこに日本の神学校に関する「勧告」の言及がある。また同書99-100頁には、それまでの簡単な経過報告（The Biblical School, Yokohama, JAPAN）がある。「アルバート・A・ベネット師の特別な働きの下、他の宣教師の援助を受けて長年にわたり行われてきた。しかし現在の社会、宗教情勢に対応したよい教育が行えるよう、校舎の新築や教育力の強化によってその範囲を拡大し、学校をより活気に満ちた、永続的なものとなすための備えがゆっくりではあるが進められてきた。」

143) Ibid., p333-335. この報告に、日本の宣教師の神学校舎再建の要請に従い、建築資金の予算計上がなされたとの報告がある。この予算計上を行ったのは、A. A. Bennett 夫妻、C. K. Harrington 夫妻（在米）、J. L. Deaung 夫妻、F. G. Harrington 夫妻（在米）、ミス C. A. Converse、他に Miss Eva L. Rolman、Miss N. J. Wilson らであった。

144) 1895 年に ABMU は日本の宣教師会からの要請に基づき東京築地居留地 42 番と 43 番に東京中学院（Tokyo Baptist Academy）を設立しているが、本論攷ではあえて東京中学院設立問題についての言及は省く。

145) Henry Clay Mabie, *From romance to reality,* p.261.

146) 「聖書霊感説」（Verbal Inspiration）は、アメリカでジョナサン・エドワーズ（Jonathan Edwards、1703-1758）などにより広がっていた。「聖書無謬説」（Biblical infallibility）とは聖書には歴史的にも科学的にも一切の誤りはないという考え方で、後の「聖書無誤説」（Biblical inerrancy）、いわゆる「根本主義」に発展していくもの。根本主義は 1910 年以降、アメリカに広がった。

147) Henry Clay Mabie, *From romance to reality,* pp.162-163. p.355. H. C. メービーは E. L. アボットから C. H. カーペンターまでの「セルフサポート」の発展と実践を高く評価しており、当時 C. A. ニコルズ博士（Rev. C. A. Nichols, D. D.）が担っていたその活動を紹介していた。H. C. メービーは C. H. カーペンターの『セルフサポート』を「興味深く読んだ」とも述べていた。

148) 1810 年に「アメリカン・ボード」（American Board of Commissioners for Foreign

Missions）が会衆派を中心に組織されていた。

149）Anderson, Rufus, *Foreign missions their relations and claims,* New York: Charles Scribner, 1869. 他に、*Dr. Anderson's farewell to the missionaries.* Print. for strictly priv. use, 1866, Boston. などがある。

150）Henry Venn. *Retrospect and Prospect of the Operations of the Church Missionary Society,* 1865, London. Church Missionary House. 参照。

151）Anthony Norris Grove, *Christian Devotedness,* London, Thynne & Co. Ltd. 1939, transcribed from chapter V of Anthony Norris Groves, Saint & Pioneer by G.H.Lang.

152）宮田和子、「19世紀入華宣教師 J. L. ネヴィアスの栄光と影」、『或問』第20号、近代東西言語文化接触研究会、2011年、49-58頁。

153）*BMM,* Vol.75. 1895, pp.199-220.

154）Ibid., p.204.

155）『関東学院百年史』学校法人関東学院、1984年、157-158頁。

156）Albert Arnold Bennett, *Biographical Sketch of Rev.Nathan Brown, D. D.prepared for The Union Conference of Baptist Missionaries in Japan,* The Yokohama Seishi Bunsha. 1895, p.13. ブラウンは1885年過労のためにベッドに横たわりながら仕事を行うようになっていたが、最後は『バプテスト讃美歌』制作の仕事を続けた。ブラウンは同年8月8日の最後となった手紙に「今月5日は自分の69回目の受浸記念日であった」と書き、「私は毎日讃美歌を完成させるため8時間から10時間働いていますが、はかどっているようには思われません。これはどういうことなのでしょうか？」と書いていた。Elizabeth W. Brown, *The whole world kin,* p.585. 参照。ブラウンは12月19日まで川勝鉄弥と讃美歌の索引作りの作業をし、仕事を終えたという。衰弱は日に日に進み、亡くなる6日前の日曜日には病床で澄んだ声で讃美歌、「ヨルダンの嵐のほとりに私は立っている」と「幸せな土地がある」の2曲（On Jordan's stormy banks I stand, and There is a happy land）を唄い祈ったが、年明けの元旦（金曜日）夕刻、夫人や他の宣教師らの見守るなか静かに臨終の時を迎えた。ブラウンはその日意識を回復して穏やかな姿であったというが、多くの言葉を話すことはできなかったという。臨終の際は夫人が泣きながら「痛みなく主のみ腕のなかで父と子の懐に迎えられますように」と祈りを捧げると、ブラウンが「アーメン、アーメン」と言われたこと、息を引きとる最期は、8時頃ランプシェードが外され、ベンネットと家族が枕元に呼ばれると、かすかな声で（起こされた末っ子の名が呼ばれ）「グッドバイ・マイボーイ（Good-bye, my boy）」との言葉と、祈りの言葉が途切れながら続き、数分の間に気づかぬ内に亡くなられたと伝えられている。享年78歳、在日13年の生涯であった。同書、587頁。

157）ワインド『日本70年』（原書）pp.152-153.（Rev William Wynd and wife 187 Kogawa cho Osaka Japan）. 1894年の『BMM』Vol.74. 13頁には当時のワインドの活

動拠点が記されている（Rev. William Wynd, 187 Kogawa Cho, Usmachi, Osaka, Japan, 1891.)。C. K. ハリントンは A. A. ベンネット校長の孤軍奮闘を 1887 年から誰よりも支え、ベンネットが賜暇帰国中は神学校校長代理を務めた。H. C. メービー来日時、神学校の窮状をメービーに訴えたのは C. K. ハリントンであったと推測される。

第2章　熊野清樹を通して見る日本の
　　　バプテスト（4）[1]
―小石川バプテスト教会牧師として、東西バプテスト合同の時代へ―

内藤　幹子

　熊野清樹（ゆや・きよき、1890-1971）は戦中戦後期の日本バプテスト連盟内外に大きな影響を与えた、日本キリスト教界指導者の一人である。しかし熊野そのものの生涯あるいは思想の全体像を提示する資料は非常に少ない。そのため熊野はある意味、ミステリアスな存在として、断片的な形で後世に語り継がれるようになった。「神格化された存在」と評されることもあるほど、強烈なインパクトを残した人物として捉えられる一方、その具体的な仕事（とりわけ創設時より1960年代の日本バプテスト連盟における諸施策に及ぼした影響）について、その説教や神学について、その人物像について、詳細かつ全体的に知ることは未だ叶わない人物である。

　2021年9月、熊野の召天から50年を数える時を既に迎えた。熊野に関するまとまった論考が存在しない状況の中で、筆者は資料収集と整理の取り組みを継続している。散逸されてしまった資料の掘り起こしや、熊野を直接知る方々へのインタビュー等を着実に積み上げることで、熊野の生涯と思想の全体像を捉え、またそれらを通して見えてくる日本のバプテストの姿を見出してゆくことを目指したい。

　前著「熊野清樹を通して見る日本のバプテスト（1）―誕生、幼少期から受浸に至るまで―」[2]「熊野清樹を通して見る日本のバプテスト（2）―神学生時代、小石川教会との関係―」[3]「熊野清樹を通して見る日本のバプテスト（3）―最初の牧会、アメリカ留学を経て西南学院の教員へ―」[4]に引き続き、本稿においては熊野が福岡の西南学院から東京の小石川バプテスト教会に牧師として転じた時期から日本における東西バプテストの合同に関わりを持った時期について紹介する（1932［昭和7］年8月29日〜1939［昭和14］年

12 月）。

1.　小石川バプテスト教会牧師として着任（1932［昭和 7］年 8 月）

　1932（昭和 7）年 8 月 29 日、熊野は家族と共に無事東京に到着し[5]、小石川バプテスト教会（以下、「小石川教会」）牧師としての歩みを始めることとなった。早速翌々日の 31 日には祈禱会出席後、宣教師のクラーク、8 名の役員と共に「第一回役員会」[6]を開催するなど、新任とはいえ熊野に休む暇はなかったようである。9 月 4 日、熊野は小石川教会の主日礼拝にて「荒野に水湧き出でん」（イザヤ 35：1 ～ 10）と題して最初の説教を行い、礼拝後に最初の聖餐式を執行した。その後、役員会によって準備された「熊野牧師歓迎会」が催され、37 名の出席者が共に喜びの時を過ごした[7]。その席では、無牧の期間に役員として中心的な働きを担った柳沢忠雄に対する感謝をあらわす「記念品贈呈」のセレモニーも持たれた。翌週 9 月 11 日の礼拝後には熊野の「就任式」が執り行われ、内外より 58 名の出席者が熊野の牧師就任を祝った[8]。説教は千葉勇五郎が、祝辞は東部バプテスト代表の中嶋力三郎と西部バプテスト代表の富田芳蔵が担当している。更に翌週 9 月 18 日の礼拝後には「熊野牧師及御家族二名の西南学院バプテスト教会より本教会の申出ありたるに依り教会員に計り受入れる事を決議せり」[9]と記録されている通り、熊野と妻・スマ子、母・初子は正式に教会籍を小石川教会に移した。

　小石川教会機関誌『栄冠』に、熊野は「就任の御挨拶」と題して次の文章を寄せた。当時を語る熊野の文章は意外にも少ないため、全文を掲載する。

　　この度神の御導きによりまして当教会の牧師として就任致すこと〻なりました。顧みれば今を去る二十年前、未だ一学生として東都に学んでをりました頃、そして当教会が西原町の誕生地より巣鴨一丁目に移転して、今や将にはち切れさうな勢力を示してをりました時代、正会員ではありませんでしたが、準会員として而も事実正会員同様の御取扱を頂

き、天野牧師を初め教会諸兄姉に一方ならぬ御世話に預かった者であります。その頃の青年会々員の諸兄も今は立派な社会の中堅となり、日曜学校の幼なかりし方々も既に父となり母となってをられる事と思ひます。

　私が東京を去りましたのは大正八（1919）年の事でありました。九州に帰りましてから三年と一ヶ月門司にて牧会に従事し、満二年の外遊から帰朝後こんど此教会に赴任致す迄満八ヶ年間福岡の西南学院神学部に御用に当って参りました。

　二十二年前笈を負ふて上京致しました伝道者の卵は恰好だけはどうやら一羽の鳥の態になって今度こちらに出て参りました。然し、時代は移り、世は変り、浪風ともに可なり強く吹き流れてをります。

　前牧師天野先生の一通りならぬ御骨折りによりまして教会も東都に於ては到底又と得難き好適の地を与へられ、又設備に於ても戦闘準備は既に出来てをると申すことが出来ませう。

　さてこれから天野先生を通して神が据えたまひました此基礎の上に、神は僕を通して何をなさしめんとしてお出でになりますか？今私は心静かにその聖声をお聴き致してをります。

　二十年の昔、神が小石川バプテスト教会を特に此地方に建て給ふたのは決して偶然ではないと信じます。必ずや大なる経綸と摂理による大使命が存してのことであると確信致してをります。

　私は御覧の通り一個の微力な伝道者にすぎませんが、背後に在りて今も昔も変り給ふことなき大牧者なる主イエスと父なるの御助けと御導きにより、諸兄姉と僕に此教会の負はせられましたる救霊の大使命を果して参り度いと存ずる次第であります。

　主を中心とせる愛と信仰と望みを同じくする諸兄姉の御協力を希って止みません[10]。

牧師人事を巡る混乱[11]の時を通り抜け、新たな牧師とその家族を迎えることのできた小石川教会の人々の安堵と喜びもまた大きなものであった。次の

ような言葉でその思いが記されている。妻のスマ子もまた、帰天の時まで小石川教会（現・日本バプテストキリスト教目白ヶ丘教会）に身を置き、夫と共に教会に仕え、教会に連なる人々に慕われたその歩みを、この時に始めたのである。

　　…今春教会の霊的指導者であり又教師であった天野牧師が（筆者注：広島教会に）赴任されて以来Ｓ・Ｓにも一抹の淋しさがありましたが今秋熊野牧師が就任され且つ夫人にＳ・Ｓの御手伝ひを願ふことになりましたので淋しさは一掃され新しい元気でこの秋を迎へんとして居ります[12]。

　今年春四月天野先生を広島へ送つてより、無牧の中に力ない歩みを続けて居りました教会も、八月七日礼拝后開かれました臨時総会に於て、西南学院神学部教授熊野清樹先生を牧師として、お迎へ致す事に決定し、其の旨熊野先生に御願致しました処、万難を排し、もだえの中にある小石川教会を御助け下さることを受入れ下さいまして、こゝに新なる力の加へられた事を感じ、暗より光へ教会員は一致して躍進することになりました。

　熊野先生に於てはこの教会の働きの重きを感ぜられ、御多忙の中に九州の地を離れられ旅にも休みなく八月二十九日夜八時十分東京駅に御着きになり就任なされました。

　その夜教会に於て新牧師就任の感謝会を開き父の御手にいだかれ、かく安らかに牧師を迎へる事の出来ました事を心より感謝致しました。

　惟へば二十余年の昔日、主の働人天野先生をつかはされ東都の北、小石川の地に鋤を下された主の御事業は、今日また聖き力、熊野先生をつかはされた。御父の御愛に感謝をせずに居られません。

　教会は小さくても会員は少なくても、ただイエスの御言葉に耳をかたむけ御趣旨のまにまに進まんとして居ります。

　小さな歩み、小石川教会に種々御尽し下さいました諸教会、諸兄姉に

【写真1】小石川バプテスト教会外観（撮影時期不明、目白ヶ丘教会所蔵）

【写真2】小石川バプテスト教会会堂（撮影時期不明、目白ヶ丘教会所蔵）

こゝに深く御礼申上ます[13]。

　熊野が小石川教会牧師に就任した当初の一週間のスケジュールは、概ね次の通りであったことが小石川教会の資料から分かる。主たるものとしては、日曜日の 10 時より「主日礼拝」および 19 時 30 分より「夕礼拝」、水曜の 19 時 30 分より「祈禱会」、土曜日の 16 時より「聖書研究会」があり、その他、毎月第四主日の 6 時より「早天祈禱会」が開かれるようになり、1932 年の記録には日曜日の 8 時 30 分開始の「寄宿舎[14]バイブルクラス」という集会について記されているため、恐らく熊野も牧師としてそのような活動にも関わりを持ったことであろう。なお毎週木曜日は熊野の「在宅日」と定められており、当時の「礼拝順序」(のちの「週報」)には「毎木曜日は牧師在宅日ですからどうぞ御来訪ください」と案内されている。クラークが一時帰国 (1933［昭和 8］年 6 月) するまでは、原則として第四主日午前礼拝の説教はクラークが担当していた。公の記録に残るものとしては、1932 年における熊野の外部奉仕は 11 月 19 日の「巣鴨バプテスト教会特別講演会」講演が見られるのみであり[15]、新たに赴任した小石川教会の説教と牧会に専念できる一年目であったことは、熊野にとって幸いなことであったに違いない。同年 12 月には小石川教会牧師として最初の教会員 (安井しづ江) の葬儀を執行した[16]。

2．D. L. クラークとの別れ (1933［昭和 8］年)

　年明けて 1933 (昭和 8) 年 1 月 30 日、熊野は日本バプテスト西部組合 (以下、「西部組合」) の命を受け、「日本日曜学校協会懇談会」に出席した。その報告が同組合機関誌『聖戦』に掲載されており、当時の様子を知るために以下に紹介してみたい。熊野はこのような機会を通してとりわけ在京他派の教役者たちともつながりを持ち始めていたことが分かる。

　　…場所は基督教会館、正午の昼食より始まりました。出席者は主人側

の山本理事長及び安村総主事を初めとして日基の笹倉、組合の小崎道
雄、クリスチャンの今村、東部バプテストの橋本、コベル、同仁の設
楽、メソジスト（？）の田原、水野、西部バプテストの熊野、その他加
へて十三人、安村総主事からの挨拶がありました。

　「S・S・協会は年々各教派からの補助を受けてゐる。協会の事業は教
会教派を通しての事業であつて教会を離れた独立の事業ではない。故に
今後の発展を期するにしても各教派の援助の下に又協調的努力の下に計
画され実行されねばならぬ。近く四月一、二、三の三日間本郷春木町中
央会堂に於て日本S・S・大会が開催されんとしてゐる。一つはその準
備として、又教会事業将来の改善発展のために皆の意見を聴き度い」と
云ふことでありました[17]。

　同年3月、熊野は小石川教会牧師として初めて「第31回西部組合年会」
に出席した。11日に東京を発ち、15日〜17日に別府にて行われた年会に出
席した熊野は、機関誌に以下の様な「感想」を寄せている。

　　場所と云ひ、宿所と云ひ、実に時の非常時たるを忘れしむるやうな結
　構な勿体ないところであつた。第三十一回年会の中心問題は何と云つて
　も宿題であつた十年計画案[18]であつて而もそれば無事通過した事は目出
　度いことである。従来動ともすればミッション、年会の両頭政治の観が
　あつたのが茲に漸く統一政治の態となつた。これでレールが出来、車体
　が整つた形である。非常時に生れたゝめに前途多難は予想せらる、。便
　利のよいことは悪魔も亦好きである。希くば悪魔に乗ぜらる、ことなく
　常に生けるイエスが此の列車の変らざる主でゐまし給はんことを[19]。

　同年4月は熊野にとって、また小石川教会にとって悲しい別れの時となっ
た。宣教師クラークの妻であるダニエル・ルーシー・クラーク[20]は同年2月
より病の床にあり、転院を繰り返したが病状は回復せず、医師の勧めにより
米国に戻って治療に専念する道を選ぶこととしたのである。小石川教会では

4月16日主日礼拝後にクラーク夫妻の送別祈禱会を催し、4月20日に横浜港より夫妻を見送った。その時の様子を熊野は次のように書き記している。

　　四月二十日、その日は朝から鬱陶しい日でしたが昼から雨がシトシトと降り出しました。横浜港碇泊の秩父丸には小石川、西巣鴨、他教会々員、駕籠町学舎の舎生、その他親しき旧友知己多数の見舞見送りの客が次から次と病室に夫人を訪れました。時刻が迫り、ドラの音と共に見送り客は悉く船外に追ひ出され桟橋に引揚げました。夫人の姿は再び見ることも叶はないがせめて乗せ行く船の姿なりとお見送りしやうと一同打見守つてゐました。私は出帆の仕度に忙しく、船の甲板と桟橋との間には幾百千条のテープが色とりどりに投げ交はされ、壮んな門出を送り送らるゝ欣びの別れの群れもあれば、彼方此方に涙を以て惜まるゝ悲しき別れの幾群れかもあると云ふ有様で暫しの間は悲喜百様の情景に眺め入つてゐました。その途端、突然『アラ奥さんが‼』『先生々々、奥さんが‼』と叫ぶ声に驚き船の甲板を指示さるゝまゝ見ると将に重態で絶対安静の筈なる夫人が老博士に援けられながら無理を押して甲板に出て来られたのであります。恐らくこれが最後の別れと思はれたからでありませう。船の用意は出来ました。
　　午後三時、汽笛と共に秩父丸の巨体は徐かに動き出しました。間もなく博士夫妻の姿は見えなくなりました。医師の勧告で室に帰へられたものと想つてゐましたが、やがて再び船窓から夫妻は姿を現はし私共一人々々に微笑と頷きとを以て別れの挨拶を送つてをられました。ハーヴェー氏（筆者注：クラーク夫妻の長男）には絶へずキツスを送つておられましたが流石にその手には力がありませんでした。やがてお二人の手には真白のハンカチが振られました。私共も之に応じました。老先生は夫人の背後に在つて努めて微笑を以て挨拶してはをられましたが時々深刻な悲痛にあの輝いた顔が曇るのでありました。過去二十六年、先生を知つて以来未だ斯の如き痛々しい表情を先生の面に見たことはないのであります。巨船の動きは次第にその速度を増し、船首は漸く湾口の方へ

向けられました。散乱せるテープの波
を踏んで更に埠頭の尖端に立ちました
が、お二人の顔はモー見へませんでし
た。然し左から第八番目の船窓に依然
として二つの白いハンカチが上下に振
られてゐました。それも愈々見へなく
なつて一同引揚げ帰途に就きましたが
雨は相変らずシトシトと降つてゐまし
た[21]。

【写真3】 ダニエル・ルーシー・
クラーク（撮影時期不明、目
白ヶ丘教会所蔵）

　クラーク夫妻を載せた船は無事に目的地
へと向かっていたが、同年5月3日、在京
の長男ハーヴェーに「母今日永遠の休みに
召さる、一切は聖旨のまゝに、父」との電
報が届いたのである。「亡き夫人の骸を守
り淋しき四日の旅を続けられし老先生の胸中を察し孤独の一日々々を彼の地
に送つてをらるゝ心情を想ふては誠に御同情に堪へないものがあります」[22]
と綴った熊野の胸中は如何ばかりであったことであろう。小石川教会では5
月9日夕に「記念追悼会」を行った。なお、夫クラークは同年9月26日に
小石川教会の宣教師として帰任している。
　後にルーシー・クラークと若き日の熊野の、次のようなエピソードが『栄
冠』に紹介された。クラーク夫妻は熊野にとって、まさに信仰における父母
のような存在であったことが分かる。

　　「人はいつも信ずるわけにはゆきません。時には疑ふこともありま
　す。併し人は何時も正直でなければなりません。正直に疑はなければな
　りません。貴方は今迄神様にすがつて来ました。貴方手を離します。貴
　方おつこちます。併し、神様は貴方を捕へて下さいます。貴方大丈夫で
　す。…」

　　以上は今は亡きクラーク夫人が当時学生であつた熊野牧師に対して与へられた言葉である。その頃熊野牧師は将来伝道者たるべく笈を負ふて東京学院に勉学中であつたが、中途にて激しい懐疑にかゝり、伝道者となることを断念して郷里熊本に帰り、日頃畏敬して居つたクラーク夫人を訪ひ、自分の心中を打明けられたその時、夫人は悲しさの余り暫し慟哭されたが、やがて顔をあげて、力強い言葉で以上の如く教え訓されたのであつた。……[23]

　その他1933年の特記事項としては、小石川教会が10月1日臨時総会において「関東部会への加入申込」を決議したこと、12月24日主日礼拝後に熊野が小石川教会牧師として最初のバプテスマ式[24]を執行したことなどが挙げられる。

3．東西バプテスト合同への積極的姿勢の表明、恩師クラークの病（1934[昭和9]〜1935[昭和10]年）

　1934（昭和9）年の年明け早々、熊野は「各教会代表者協議会」なる会議に出席を要請され、1月3日福岡県教育会館に赴いた。西部組合理事会が同年度の各教会補助額を定めるに当たり、「米国本部よりの支給額が、昨年度に比し約三割の減額を見るに至るべきを以て、此際各教会のそれに対する覚悟と態度とを承知したきため」開催された会議であった。関東からは東京・小石川の熊野のほか、東京・巣鴨の「富田牧師令弟」のみの出席であり、当時の西部組合の重点が九州に置かれていた様子を出席者のリストから改めて窺い知ることができる[25]。この事態は「非常時」と表現され、西南学院神学部も「同学院の財政的経営難を切開くため、来る三月限り一時休校し、邦人教師を解職する」という手立てを打たざるを得ない状況であった[26]。かつての職場を含めこれらの苦しい状況を、熊野も東京に身を置きながら、一教会の牧師として認識していた。同年より西部組合機関誌が『聖戦』改め『バプテスト』として新たな編集体制にて再出発する運びとなったが、熊野はその

「連絡通信委員」を引き受けた[27]。4月には一代議員として「第32回西部組
合年会」(26〜28日、別府) に出席し、帰り道の途中に下関バプテスト教会
に立ち寄り、特別伝道集会の講師を務めた (29〜30日)。

　この年も、前年度よりスタッフとして関わりを持ち始めた「東京学生基督
教青年会キャンプ」(7月11日〜18日、山中湖) や「ケレー、スポルジョン
記念伝道修養会」[28](9月4日〜7日、熊本) に参加した熊野であったが、その
他の出張は後の時代と比すれば僅かであり、また西部組合などの組織におけ
る主要な役職を担うこともなく[29]、小石川での牧師の働きに専念できる時代
を過ごしている。日曜日ごとに朝夕の礼拝が行われていたが、クラークが原
則として第三主日の夕礼拝と第四主日の朝礼拝の説教を担当するスタイルが
定着していたことにより、熊野は時間的な余裕を得て、また恩師とも言える
存在であるクラークの口を通して語られる御言葉の説き明かしを聴くことに
より、自身の霊的な養いの時を得ることができたのであろう。同年9月15
日発行の『聖戦』には、恐らく熊野が同年8月5日に詩編23編を主題とし
て小石川教会で語った説教の要約と思われる文章が掲載されている。当時の
熊野の説教の雰囲気を知るために、その一部を以下に紹介したい。

　　緑の野べ、緑の丘、清き流れのほとり！！
　　想像したゞけでも心の波の静まるを覚ゆ。其処に牧者エホバは疲れ
　し羊を導き憩ひを与へ給ふのである。
　　自然の美だけでは霊魂の疲れは医されぬ。大自然を通して迫る大霊の
　人格的愛の抱擁なくしては満足し難きものがある。
　　歩きつかれ、迷ひつかれし霊魂を神は活かし、亡びの路よりたゞしき
　路へとみちびき給ふのである。如何に迷ふても、如何に背いても、神は
　常に見守り給ふのである。「なんぢわれと偕に在せばなり」何と云ふ力
　強い言葉であらうか。
　　糧があるから、金があるから大丈夫なり、と云ふのではない。あの人
　がゐるから、斯の人がみてくれるから安心だ、と云ふのでもない。物も
　人も結局は今日ありて明日を知れぬ存在である。たゞ永遠に亘りて変ら

ず、真に信頼しまつることの出来るのは神だけである[30]。

　1935（昭和 10）年 1 月、西部組合では米国よりマドレー博士夫妻・ウェザースプーン博士夫妻を招聘し、全国四地区（東京、広島・呉、関門北九州、福岡）におけるプログラムを展開した。25 ～ 27 日が東京の滞在日となっており、熊野は 3 日間のプログラムをコーディネートし、各集会や観光のアテンドなどに忙しくも充実した時を過ごした。熊野にとっては特に「賀川豊彦との会談」が印象的であったことを後日報告している[31]。なおこの期間中には西部組合理事会との懇談も持たれ、米国南部バプテスト教会組合日本宣教師団（いわゆる「ミッションボード」）との意見交換や方針の擦り合わせ等がなされる貴重な機会ともなった[32]。

　同年開催の「第 33 回西部組合年会」（4 月 2 ～ 4 日、長崎）の主要テーマの一つは「年会振興策」であると謳われた。在京の宣教師たちと共に長崎に出向いた熊野はそのテーマに関して事前に次のような意見を申し述べている。当時の西部組合において「東西バプテストの合同」が優先的なテーマであったとは考えにくい[33]が、熊野が辿ってきた歩みを振り返る時、この時期にも「東西バプテストの合同」に対する積極的かつ肯定的な姿勢を忘れていなかったことは大変印象的である。

　　　一．年会をして日本バプテストの年会たらしめ、全国四部或は五部に分ち各部に部会を設け、各地方共通の問題は之を各部会に於て協議せしむること。
　　　二．第三十三回年会に於ては東西両バプテストが如何にしたら理想的合同を実現せしむるかを得るかに就て、比較的に多くの時間がその研究討議に与へらるゝこと[34]。

　ちなみに、同年開催の「第 24 回日本バプテスト教会組合総会」（5 月 24 日、神戸）においても、直接的な意味での「東西バプテストの合同」は議題に挙げられておらず、第二号議案「東西組合の共同事業に関する件」の部分

で「協議」の形で意見交換がなされるような段階であった[35]。重要な検討事項として関係者たちの頭の片隅にはあったものの、具体的な着手には至っていなかった様子が、『聖戦』記事からも窺える。当時西部組合常任理事および伝道部・出版部長を務めていた片谷武雄はこのテーマに関して次のように記した。状況を整理し当時の指導者たちの「慎重さ」を理解するために、以下に部分的に紹介したい。

　　全日本のバプテスト教会は現在、東部と西部とに分れて別個の組合を形作り、平素は各々独自の行動をなし、三年目毎に一回、全教会組合の総会を開き、対外的な問題及び共通の問題に関して、協議する事になつて居る。

　　尤も、東西両組合は、各部内の講義所をも包含するが、総会の方は教会単位になつて居り、組織に於ては、東西両組合とは別個のものとなつて居て、両組合によつて総会が形成せらるゝのではなく、全く独自の立場に立つて居るのである。

　　…先年までは、「基督新報」の発行が共同の事業であつた。その以前に逆上れば、神学校の経営を共同でなした時代もあり、年会も一であつた時代もある。然し、現在に於ては事業として算ふべき程の共同のものは一つもなく、こゝ数回の総会は、連絡と和親とを主としたものであつた。

　　然し、今や新気運が醸成され、今年の総会に於ては、両組合の合同に関する問題も協議せられんとする気風を呈して居る。この機会に於て本紙もいさゝか合同問題に論及する事も、あながち無駄ではあるまい。

　　何故、その会員数が一万人にも満たない日本のバプテスト諸教会が、東部、西部の両組合に分れ、実際に於て別個の行動をなしつゝあるか。率直簡明に言ふならば、少くともその原因となつたものは日本バプテスト教会の宣教師として派遣された人々の派遣母体が、米国に於て南北別個の伝道協会であつた事にあらう。而してその後今日に至るまで、宣教師の所属、並に補助金寄附の系統が、その最初と同様、南北両伝道協会

に分れて居ることが、日本のバプテスト教会をして、東西両組合に分立せしめた最大の原因であらうと思はれる。

　少くとも日本の東西両組合は、地理的に東西に区分されて居ない事は明である。西部組合に属する教会が東京にもあるが、東部に属する教会は沖縄県にもある。従て両組合の分立はミッションの系統に基くこと言う迄もあるまい。

　日本に於て、多くもあらぬバプテスト教会が二分されて居ることは善いか悪いか。これは判断に困難な問題ではない。東西に分れて居る結果、対外的な報告書等にも、東部組合、西部組合と区別して記されなければならない事は一見奇異にも感ぜられ、甚だしく偏狭にも見られはしないだらうか。事実われら日本人中の脳裡には、さまで東西の区別感があるとも思はれない。そこに東西の合同問題の考へられる理由が存するのであらう。

　ある宣教師の如きも、最近直言して「米国の南北は南北戦争の遺物である。いはゞ兄弟喧嘩の傷痕なのだ。その傷痕を日本まで持つて来て、恥さらしをする必要が何処にあるか」と言つたと聴く。一面の真相を喝破して居ることに何人も異存はあるまい。

　然し、然し、東西の合同問題は、理想論者の論ずるほど単純な問題ではあるまい。東部の伝道が始められてから、既に六十年余を経過した。西部の伝道歴史も五十年に近からんとして居る。五六十年、即ち半世紀の歴史は、各々その歴史に即したる何ものなのかを築きつゝあると見るべきであらう。この歴史に即したるあるものを綿密に観察し、正当に認識せずして合同を促進することは、錯誤を来すべき第一歩ではあるまいか。我らは合同を促進するに先だち、充分なる観察と研究を積み、最も妥当なる方法に於て協議を進めたきものである。

　…今日、バプテストのみの合同の趣旨に対して、全然反対の態度をとるものはあるまい。然しその順序を誤り、またはその中心問題を阻害して、救ふべからざる禍根を将来に残すが如きことなき様、主の御前に慎重に思慮を続し、万全の方策をとりたき物である[36]。

　熊野は同総会の代議員として西部組合理事会から指名され、同総会および
その直前に開催された「日本バプテスト東部及東西組合連合教役者会」（5
月21〜22日、神戸）では初日夕「懇談会」の司会を務めた。「東西バプテス
トの合同」について議論百出したこの集会の感想や自身の見解について熊野
が書き残したものは見つけることができない。翌月には西部組合主催「マド
レー博士特別協議会」（6月22〜24日、福岡）[37]に出席し、二日目午後「講演
会」の司会を務めている。

　同年7月には恒例の「東京学生基督教青年会キャンプ」スタッフ奉仕のた
めに山中湖へ赴いた熊野のもとに、気がかりな報せが届く。13日にクラー
クが「摂護腺肥大症」のため、東京帝大病院に入院したのである。クラーク
は三度の手術を経て、幸いにも同年10月13日には退院の日を迎えることが
できた。その間、熊野は毎主日朝夕礼拝の説教と祈禱会の働きに当りつつ、
同年9月には福島県平町・平バプテスト教会特伝（7〜8日）講師の任にも
当たった。また同年には熊野にとって信仰生活の上での「恩人」にあたる坂
田祐（当時の関東学院副院長）と日丕信亮[38]が小石川教会主日礼拝説教を行っ
ている[39]。熊野にとって大きな励ましと慰めの機会となったことであろう。

　同年の熊野に関連する大きなトピックスとしては、「全国基督教協議会」
（11月26〜27日、東京本郷・中央会堂）において「合同委員」に選出された
ことが挙げられる。同協議会の主題は「教会合同に関する研究協議」と「日
本教化の大伝道に関する研究協議」とに大別されていた。「東西バプテスト
の合同」に先んじて、熊野は「日本におけるキリスト教諸教派の合同」につ
いて具体的な関わりを持つようになったのである。

　教会合同問題は、昭和三（1928）年以来研究され来つた問題で、その
　研究委員会より報告せられたる、教会合同基礎案を中心に、慎重に協議
　せられたが、その結果左の決議をなすに至つた。
　　一、原則として教会合同に賛成する事。
　　二、委員を挙げてさらに研究調査せしむること。委員数は廿五名と
　　　　し、内廿一名を議場に於て選挙し、四名は委員会の推薦とする

こと。

　　三、委員会は、合同基礎案を草案として受理し、また各分団に於け
　　　る意見を参考考証すること。

　決議の要旨は以上の如くであるが、兎に角七ヶ年に渡る研究の結果が
具体化され、原則として教会合同が可決された事は、日本の基督教史に
特筆さるべき一大事実である[40]。

4．クラークの帰米、ギャロットの転任、母・初子の帰天 （1936［昭和11］年）

　1936（昭和11）年を迎えると、「東西バプテストの合同」に関する西部組
合内部の論調は変化していった。機関誌『バプテスト』の「年頭の辞」に当
たる部分には、次の様に記されている。

　　日本に於ける東西バプテストの合同は、昨年来の懸案であるが、之は
　今年度に於て進展を期待さるゝ問題である。
　　米国その他の外国に於てはいざ知らず、日本に於ては、東西の分立は
　意味をなさない。信仰傾向の相違を過大に懸念する向きもあるかなれ
　ど、遠方からでなく、実際に接して見ると、大同小異である。若し万一
　地方的な私情に囚はれる者があるとすれば、教会百年の計を誤ると共
　に、神の教会の発達を阻害する罪悪を敢てする者と言ふべきであらう。
　　寧ろ此非常時、変革時に対する社会認識を深め、此際、東西合同の神
　学校の経営までも考慮すべきではなからうか。新興日本の前途に、教化
　の責任を感ずるならば、この問題は等閑に附せらるべき問題ではあるま
　い[41]。

　宣教師クラークは昨年の退院後、主日礼拝説教の働きに復帰し、新たに自
宅を開放した「バイブルクラス」を毎主日8時30分より開始するなど、小
石川教会での精力的な活動を再開させていた。しかし、高齢[42]の事などもあ

り、同年 3 月末に米国へ帰国することとなった。1907（明治 40）年、熊本バプテスト教会で受洗した年にクラークと出会って以来、長きにわたる交流を持ち、不思議な導きにより小石川教会で同労者として過ごしてきた熊野は、この別れに際し、次のように記している。早くに父や兄を亡くした熊野にとって、クラークがどれほど大きな存在であったか窺い知れる文章である。

【写真 4】熊野とクラーク（1934 年 2 月 10 日、目白ヶ丘教会所蔵）

　…先生は時々粗末な私の家にも訪ねられました。小畑（筆者注：貞家）牧師と交々私に神学校入学をお勧めになりましたがクリスチヤンになる時でさへ漸くなつた私は耶蘇教の坊主にまで成る気にはどうしてもなれませんでした。それが幾年かの後には神学校の寄宿舎に寝起きをするやうになつてゐる自分を発見しては不思議な神の導きに驚かざるを得ませんでした。私は或は福岡の神学校に、或は東京学院（今の関東学院の前身）に、或は日本バプテスト神学校に学校生活を続けましたがその在学十年の間、陰に陽にクラーク先生御夫妻の指導援助を頂いたことがどれだけかわかりません。私が門司在任中も東京から九州に来られる時には必ずお訪ねを受けました。又渡米後もルイヴィルの神学校に来訪せられ、私もジヨルジア州のアトランターに先生御夫妻及びそのご家族をお訪ねしました。米国から帰つて九年間の福岡生活を終つて昭和七（1932）年の夏上京、親しく先生と御一緒に同じ地に御用に当ること、なりました。おもへば実に不思議な御縁であります。

　唯一昨々年、ミセス・クラークをあんなに早く失つた事は返す返すも

残念でした。孤軍奮闘を続けられた先生も遂に昨年はあの生死さへ危ぶまれた大患、而も不思議に癒されて再び壮んなる今日のお姿を見る様になりました。が今度は海山遠くお別れせねばならなくなりました。先生と私の関係は時間的には恰度三十年になります。徒に時間許り永くて一向に酬ゆる事もない身を愧しく思ひます。随分我儘をして参りました。先生は限り知れぬ忍耐と愛とを以て私を赦し、わが子の如くに愛して下さいました。モー一度は日本へ帰つて農村伝道をすると云つてをられます。私共も然か希望し、且つ祈ります。仮令それが叶へられずとも天国の彼方に於て間違ひなく再会の喜びを得たいものと思ひます。今先生を送らんとするに当つて私の胸には万感交々、眼前には三十年間の歴史がまざまざと展開されてゐます。之等は又時を得て他日お話し致す事に致しませう[43]。

3月5日には教派を超えた友人知人たちによる送別会（東京基督教青年館）が催され、熊野は記念品の贈呈を担当した[44]。3月8日、クラークは小石川教会での最後の主日礼拝説教を務め、教会での送別会が行われた後、3月26日に太陽丸にて横浜港を出帆し、帰米の途に着いた[45]。

当時、西部組合系の教会は広島以北に二教会（小石川、西巣鴨）しかなかったこともあり、熊野は東京で開催されるバプテスト関係の、あるいは諸教派合同の集会につとめて出席していたようである[46]。同年5月には小石川教会に赴任してから初めて長期のプランにて、下関・北九州・佐世保方面を巡回する「伝道講演旅行」に出かけた。5月17日に離京し、6月6日に帰京するという日程で熊野を送り出した当時の小石川教会の『小石川バプテスト教会週報』には、「牧師不在中ハ会員協力諸集会ヲ支持シ留守ノ大任ヲ果シマセウ」「牧師不在中会員皆様ノ御協力ヲ御願シマス」「牧師旅中ノ栄光ヲ加禱、来聖日ハ帰京ノ予定」と週ごとに綴られ[47]、その緊張感が伝わってくるようである。同年5月21〜22日に熊野を迎えて集会を開催した下関バプテスト教会は、次のように集会の様子を報告した。

　風薫る五月二十日二十一日の両夜熊野牧師により特別伝道会を開催せ
らる。静かな夕「イエスを仰ぎ見るべし」「十字架なくば」などの演題
のもとに御奨励に預つたのであるが、求道の志に燃ゆる青年諸兄姉の霊
は、さながら新緑の萌え出づるに似たものがあつた。

　師は身は聖壇にあるも心は低きにありて自らの告白をなさんと前提さ
れ、過去の足跡を語られる時生ける体験は真理を照して、吾等の旨に響
き応へるものは大なるものであつた。

　師の基督教に造詣深きことが伝道会を効果あらしめたのであるが、神
学や理論の講義的のものでなく、かくの如く砕けし体験こそ最も求道に
志す者に取りて解決の鍵となるものではあるまゐか。両夜出席平均三十
名の少数なれど恵まれし集会であつた[48]。

　クラークの帰国後、時折ゲストの説教者が主日礼拝説教を担当したほか
は、基本的に熊野が朝夕の説教を担当していた。その忙しさの中で、同年7
月9日より熊野は「聖書研究」なる集会を始めている。開始当初は毎週木曜
日、聖書の学びをしたい者は随時牧師館を訪ねることができ、熊野が「御質
問御研究の御相手をいたします」という案内がなされている[49]。この頃は宣
教師のレーイやギャロットが小石川教会や駕籠町学舎の働きを支えていたよ
うであるが、そのギャロットも同年9月4日、西南学院神学部教員となるべ
く福岡へと旅立って行った。1934（昭和9）年に宣教師として来日したギャ
ロットは、当時の熊野との思い出を後につぎのように綴っている。

　　熊野先生が44歳になろうとするその前月に私は日本の地に足を踏み
　入れ、先生の隣に住み、その牧会を受け、様々な面で日本への紹介を頂
　きました。

　　日本の古くからの良いところ、日本の伝統的な真の味がいくらか私に
　わかっているとすれば、熊野先生に負うところがきわめて大きいのであ
　ります。

　　貧しい士族の家庭に生まれ、先生は日本古来の武家の筋金と教養にキ

リスト信仰の生きたものを兼ね備えていました。

　信仰の交わりを味わいました。キリストへの服従の画期的な体験が私に与えられた時には、いち早くわが牧師に話しました。その後、先生の方に信仰的な悩みがあった際、その書斎でじっくり話し合い、共に祈ったことは忘れられません。

　その反面、冗談の言い合い、ちゃめ気のごまかし合いは常のことで、フルーツ・ドロップを装ったロウを食べさせられたそのつまらない味は、今でも口に浮かびそうです[50]。

　ギャロットを福岡へ送るに当たり、「送別の辞」として熊野は次のような言葉を送り、ギャロットも挨拶をもって応えた。小石川教会関連の資料の中に、熊野や小石川教会とギャロットとの親しい関係を表わすようなものが他に見当たらないため、ここに双方の言葉を紹介したい。

　先生を御送りするに当つて斯様な形式ばつた送別会を開くと云ふ事は、何だか適当でない様な気がするが、日本人の習慣として矢張り斯様な会を開かなければ満足が出来ない様な気がするので、我々の先生に対する気持や精神を壊さない程度で、此会を開く事を許して頂き度いと思ふ。曩にクラーク先生を御送りした時送別会席上、先輩の一人が送別の辞を呈した所先生は「之は恰度御葬式の時の言の様です」と云はれた。私もギャロット先生を送るに当つて色々申上げ度い事は有るが頌徳表を奉る事は追つて他日適当なる時に譲る事にして、今日は控へる事にする。私は先生を御送りするに当つて感謝し度い事が三つある。

　第一は神之国の使者として天より地に遣し給ふた、父なる神に衷心よりの感謝を捧げる。

　第二は先生の様な方を我国に送つて下さつた、アメリカの姉妹バプテスト教会に対して、心からの感謝を捧げる者である。

　第三は、遣はさんとする者の意志に従つて喜んで我国に来て下さつた先生御自身に対して深く感謝するものである。

此感謝は今日此処に出席してゐる者のそれであるばかりでなく、出席してゐない所の者皆の感謝でもある事を疑はない。神若し許し給はゞ先生が東京に永く我等と偕に居られて我等の指導に当られる事が願はしいのであるが、恩寵と特権とは之

を私すべきものでない。我等は喜んで先生を福岡の地に送り、彼地方の姉妹教会と共に此の特権を分たねばならぬ。殊に先生は将来教役者として伝道の第一線に立たんとする青年学生の教育指導に当られんとしてゐられる。

希くば神が先生を用ひて大いなる働きをなさせ栄光を顕し給はん事を祈つて止まない。之は左様ならの御別れではない。行つてゐらつしやいの御別れである。御休みになつたら又直ぐに帰つてゐらつしやい。それでは又逢ふ日まで[51]。

一昨年の九月日本に参りましてから、この二ヶ年間私は実に良い友と良い教会とを与へられて来た事を心から感謝して居る。

さうして、この教会の会員の一人とせられた事を光栄に思ふ。

今この東京を去らんとするにあたつて、私は一つの幻と計画とを持つてゐる。それは実にブリッヂビルダーとしての我が小石川教会の使命である。二十五年前この教会が建てられた時に、それは東京と九州との橋としての使命を持つて居つたかも知れんが、今やこの教会は国と国、人種と人種、階級と階級、神と人との間の橋渡しをする役目と使命とを持つて将来に臨まんとして居る。

これが実に私の眼に映じて居る幻であつて、この幻実現の為にこの教

会は、牧師も役員も会員も一致結束してたつべきである。無論それは私共に出来る事ではない。然し私共を通して神が可能ならしめ給ふのである[52]。…

　この年は、熊野にとって家族に対する心配や心痛の多い年でもあった。長男・清象は病気療養のため門司や御殿場に度々居を移し、母・初子は同年6月より病臥の生活を余儀なくされた。小石川教会で共に教会生活を送り、静岡英和女学校教員としての就職が決まった妹・節子を送り出した矢先[53]、同年11月1日に病床で最後の聖餐式に与り、家族や親戚、教会員に見守られる中、6日に母・初子は乳癌のため帰天した。息子である熊野と共にバプテスマを受けた後の初子の歩みは、次のように紹介されている。

　　入信後の生活は生来の強き気象を全く打ち砕かれ絶対の信頼を神に捧げ或は清樹と又時に節と熊本に門司に下関に福岡に東京に共に生活して主の証人としての日々を送り迎えて家庭を作つてより嫁と共に牧者たる清樹に後顧の憂なからしめて能く家を治め家庭団欒の中心として能くスマ子を助け只管神の聖名を辱めざらんことを努めしは神よく識り給ふ処、図らずも数年前微恙の際医師の診断を乞ひし時「乳癌ならずや」との御注意を受け、爾来家族親戚は固より諸方の愛兄姉より御心配下され、極力療養中漸次病勢進み遂に本年六月病臥するに到る。
　　当教会の愛兄姉を初め旧知の方々の熱き祈と真心こもる奉仕を与へられて病床の故人は常に感謝の声を絶たず、さしもの難症を身に持つて傍に居るに堪へ難き迄の苦痛を訴へず、色に出さず、雄々しく最後に到るまで戦ひたるを見る。
　　永眠に先立つ枕頭の諸兄姉方に「皆様ありが」まで口に出し後は出でざれど心より感謝を表して別を告ぐ。
　　なほ「地上の何物をも伝へ得ずとも此信仰だけは子々孫に到る迄伝へよ」と家族縁者に言ひ遺す。
　　遂に昭和十一（1936）年十一月六日午前六時三十分、四辺の暗黒全く

散して床に旭日爽かに射し来りし時、安らかに天父の御許に召さる。

　時に八十有一、己以上に隣人を愛し身を以て神のよき証人となりし熊野初子の霊を感謝を以て天父の御許に還し奉る。

　噫、神の聖名は讃むべきかな[54]。

　8日に行われた葬儀では坂田祐が聖書朗読を、弔辞を千葉勇五郎が担当している[55]。多くの人を愛し、また多くの人に愛された母の人柄と一つの思い出を、息子である熊野は次のように振り返った。

　　私の父は私が十三歳の時に亡くなりましたので其後一切の教育は殆ど母の手一つでなされたと申してもよいのであります。元々男勝りの女でありましたから教育も中々酷しいものでありました。殊に兄弟の中でも腕白でありました私は相当ひどい躾けを受けました。…

　　それがキリストを信ずるやうになりましてからの母は大へん優しくなりまして年を重ぬるに従つて柔和なお婆さんとなりました。若い時から気の毒な方々のお友達でありまして貧乏ながら更に貧しい方々に何かにか持てるものを喜んで差上げてをりました。人様に何か差上げることが何より好きでありました。

　　私が東京の学校に学んでをりました或る冬、一個の小包が届きました。開いてみますと中からは綿入りの手製のチヨツキが出て来ました。そして一通の手紙が添へてありましたがその手紙には「老ひぬれば母の懐ろ冷たくて　代りに送るこのチヨツキかな」の一首が読み込んであつたのであります[56]。

　初子の帰天の丁度一年後、小石川教会では初子の記念会が催された。その折、教会員の上原仁は初子を思い起こし次のような文章を寄せている。

　　…お祖母様の御人格を慕つて集ふ者二十数名、或は個人の信仰を讃へ、或はその慈愛を語り、或る時は爆笑し、御在世中のお祖母様にふさ

わしい賑やかな記念会であつた。

　然し、お祖母様が居なくなられてからは、牧師館を訪ねても何とはなしに淋しく物足らなく感ずるのである。お祖母様がお話し下さる言葉は聞きなほしても、一寸意味がはつきりしない事もあつたのだが、今だにあのアクセントは懐しく耳の底に残つてゐる。

　熊野先生の奥さんに、「よく上原さんはお祖母様の言ふ事が解りますね」と言はれた時、いや…、と後をにごしたこともあつた。でも本当に懐しい愛に満ちた言葉であつた。どの言葉にも思ひやりと愛がこもつてゐるのだ[57]。

5．小石川教会の「自給独立」、牧師としての思い（1937［昭和12］〜1938［昭和13］年）

　母・初子を天に送り、寂しい1937（昭和12）年の年明けを迎えた熊野であったが、牧師としての歩みはなお滞ることがなかったようである。早速、新年のヴィジョンを熊野は次のように綴った。1918（大正7）年5月5日に正式に「教会組織」を為した小石川教会は当時の日本の教会としては異例とも言うべき速さで1924（大正13）年に「自給独立宣言」をなし、同年5月3日に祝賀会を催している。しかし以下で熊野が述べたごとく、熊野の就任時は再び米国南部バプテストのミッションボードから金銭的援助を受けるようになっていた。その詳細は当時の『栄冠』や『バプテスト』からも知ることができる。前述の通りミッションボードからの支援が縮小する過程において、一教会の牧師としての熊野の念頭には、再びの「自給独立」への願いがあったのである。現実として、小石川教会は1937（昭和12）年1月より「自給独立」の体制に入った。

　　一九三七年を迎へて感慨真に深きものがあると共に又新たなるものがあります。一九三七年即ち昭和十二年は俗に云ふ牛の歳であります。牛で思はせらるゝことは先づ第一に緩慢と云ふことであります。遅々たる

ことであります。第二に考へさせられ〻ことは忍耐強いと云ふことでせ
う。のろい事を牛のやうだと申します。

　わが小石川バプテスト教会も牛のやうな牧師に導かる〻やうになつて
以来その歩みは誠に牛の如くに遅々たるものとなりました。牛の如くに
歩んでゐる中に何時の間にか時のみは進んでしまつて五年経つてしまつ
たのであります。かつては自給独立の教会でありましたが、色々の事情
のもとに過去数年間心ならずも再びミツシヨンの御厄介になり補助を頂
くやうになりました。それが本年を期してモー一度一人前の教会として
昔の独立自給の教会に復帰し茲に新しい一歩を踏み出さうとしてゐるの
であります。抑も自給と云ひ独立と云ひ一人前の年齢に達してゐる健康
な者にとりては当然でこそあれ何の不思議もないのであります。過去数
年間御厄介になつたことが愧しい位なのです。出来るだけ早くと思ひま
したが急いだからとて致方はなく、根がのろい牧者の私は恥しいとは思
ひながら兎に角五年間教会と一緒に遅々たる歩みを辿つて参りました。

　そして愈々今年からお助けをミツシヨンにお断りして一人前の生活に
入らうと云ふのであります。これは神に感謝して頂いてもよいと思ひま
すがまだ充分な健実な足取りではないのでありますから余り興奮しない
で要慎に用心をして謙遜に互に手を取り合つて神の御導きに随つて参り
たいと思ひます。そして本当の私共の奉仕もこれからです。小さくても
これから少しづつ神と人とのために、同胞と隣邦人とのために応分の御
用を果さして頂きたいと希つてをります。歩みは相変らず遅いでせう。
しかし英語の「スロー、バツト、ステツドリー」「緩慢なれど堅実に」
と云ふ行き方で今後も進んで参りませう。希くば功を急がず又怠けずに
歩調を揃へて前進されんことを[58]。

　同年3月発行の『バプテスト』には、熊野の紹介記事が掲載されている。
西部組合の同労者の眼に映つた当時の「熊野清樹」とはどのような人物で
あつたのかが窺え、大変興味深い。以下に本文を紹介する。

　我等の組合内に光り輝ける人が三人ある。下瀬老、天野老、そして我が熊野牧師である。氏はその頭の如く心も霊も光の子である。氏は漸く四十を越したばかりであるのに早くも六十代の二老とその光を争ふ如く、その老成なる点に於ても劣らないほど遥かに同僚を抜いてゐる。

　氏は自ら光れる如く、有ゆる事物の光明の側を見る人である。他人が悲観して居るとき、楽観する。氏はよく人を賞める、常に光明の方面を見るからである。氏は時に如才のない人の如く見られる、如何なる人に対しても常に光明を以つて接するが故であらう。

　氏には不思議な能力がある。少壮の時代に催眠術をやつたといふことであるがまさかそこから来るのではあるまいが、一種の魅力を以て信仰の鍛錬より来るところであらうか。

　氏は神学校を卒へると直ちに門司に赴任し、間もなく渡米、ルイヴィルで学ばれ、帰朝後は福岡の西南学院神学科に教鞭をとられたのであるが、氏の持ち場は教会にあつたのか、出でて小石川教会を牧さるゝやうになつたのである。

　氏の学生時代のニックネームは象といふそうであるが、体躯のみならず、気も心も大きい人かと思ふ。或る蚊のやうな小さな神学生が非常に無礼を働いた時に、象のやうに眼を細くして笑つてすまされたといふことである。

　然も氏は時に雷の落ちるやうに怒られることがあるそうである。然しそれは多くの場合、不正のなされた時であつて、義憤より来るものである。氏は黒を白と云ひ得ない人である。

　氏は本年の年会牧師である。我等の年会牧師としてその人を得たるを喜ぶものである。氏の説教は人も知る如く、実に思想豊かなる点に於て、その識の博いことに於て第一人者である。

　我らの組合内で四十台の人は極めて少ない、即ち中堅層に於て弱いのであるが我らは氏を有つことによりて心を強ふするものである。茲に氏の健在と健闘を祈りて筆を措く[59]。

一方、同年に記されたエッセイの中で、熊野は自身について次のように
綴っている。他者からの評との落差がこれもまた興味深い。

　　汽車は東京へ向つてガタゴトガタゴト一生懸命走つてをる。熟睡はし
　なかつたが一寸眠つたので気分はよい。目が醒めると向側の席での乗客
　の話が耳に入つた。
　　「何と云つても商売にかけては大阪の人には叶ひません。その点東京
　の商売人は全く駄目です。商売にかけて大阪の人の持つ底力は実に強い
　ですね。事が何であれ之と思つた事はどこどこまでも見届くる迄は行く
　と云ふ風です。東京の人はいゝ加減ですぐ放つてしまふ。淡白なところ
　はよいが商売の上から云ふと余り執着がなさ過ぎる。第一東京の人は感
　情的です。好き嫌ひをすぐ顔に出す。そして感情に支配される。そこに
　行くと大阪の人は容易に好き嫌ひを見せない。又中々感情に支配されな
　い。冷静に根気強くどこどこ迄も頑張る。あれでなければ商売は出来ま
　せんよ」と。
　　この話で私の目はすつかり醒めてしまつた。それは私の欠点短所への
　指摘であり、警告であつた。
　　…霊魂に対する主イエスの熱愛、パウロの熱情、これなくして何の伝
　道ぞ。「東京人の淡白は愛すべし。物質的、金銭的無欲は可、然し、そ
　れでは商売人としては駄目であらう」と、これ一人商売人のみであらう
　か？　霊魂に対する熱愛熱情なくして真剣な伝道は出来ない。真に然う
　だ。それにしても此頃の自分の冷たさはどうだ。一礼どこに熱がある。
　愛がある。恰も燃えつくした燃殻同然の姿ではないかと深く自らを反省
　せしめられた。私は心から祈つた。「主よ、与へ給へ、まづあなたを愛
　する愛を、今一度、霊魂を思ふ愛を、慕ふ熱情を。アーメン」と。…[60]

上記記事記載の如く、熊野は同年開催の「第35回西部組合年会」（3月25
～27日、福岡）において「年会牧師」を務めた。本来、その折の説教要約が
年会報告と共に『バプテスト』に掲載されるのが通例であったが、「年会説

教を熊野牧師にお願ひしたのですが締切りまでに頂けないので」[61]掲載でき
ず、その内容を知ることは残念ながら叶わない。しかし熊野はその大役を差
なく務めあげたことであろう。同年会においては「小石川教会がこの年度を
第一年として独立自給を敢行し、更に西巣鴨教会と広島教会がこの年度中に
自給を決行せんと意図しつゝあること」[62]が話題になったという。前述した
ところの年頭の決意は真剣なものであり、その姿勢は「出席代議員の霊に強
い避けることの出来ない力となつて迫るところとなつた」[63]のであった。ま
た、同年会においても具体的な議案として「東西組合合同」の件は諮られて
いないが、熊野は「東西両組合合同促進委員」の一人に選出された[64]。

　同年10月から11月にかけて、熊野は「広島、伊集院、鹿児島の三教会か
ら秋の特別伝道にお招きを受けて」10日余り東京を離れた。「東京を立つた
のが十月の十九日。帰りを急ぐので往路に少し余裕をこしらへて出かけ、途
中大阪、神戸に親戚友人を訪ふた」際の記録が残されており[65]、その詳細さ
に驚かされる。もし、熊野が日々の記録を記していたと言われる「手帳」が
現存するならば、当時の日本の教会やキリスト教界の貴重な資料となったこ
とであろうと悔やまれるところである。

　当時、熊野が愛用していた聖書について、『バプテスト』の企画の中で熊
野は次のように回答した。

　　（愛用の聖書の入手の由来）昭和二年、即ち一九二七年版の旧新約聖書
　であ)りますが、一九二九年六月九日私が西南学院教会の牧師として按手
　礼を受けました時、記念として、故C. K. ドージヤー先生より贈られ
　たものであります。

　　（愛用の聖書の思い出）引照はありませんが携帯によく平素心密かに欲
　しいナーと思つてゐた時で頂いた時非常に嬉しく書き込むのも惜しく思
　つた位でしたが今では可なり穢なくなつてしまひました。此書を通して
　常に偲ばるゝことの一つは故C. K. ドージヤー先生とその友情であり
　ます。

　　（愛用の聖書を現在如何に愛用しているか）毎日々々家に在つても、教会

【写真6】左からスマ子、順子、清象、スマ子の実姉・丸山節子
（1937年1月4日、古田家所蔵）

の教壇に立つ時も、旅行や訪問に御用をつとむる時も常に私はこの愛する聖書のお伴をいたしてをります[66]。

　勿論、この回答の通り、熊野にとって大切な思い出のある聖書であるからそれを長く使い続けたことに間違いはない。一方、同年にミッション・ボードの金銭的補助を辞退し「独立自給」に踏み切った小石川教会の「会計報告」[67]を見る時、牧師給を毎月予算通り支払うことは当時の小石川教会の実力としては難しく、殆どの月において「前月不足額」が同時に支払われているが、それでも予算通りの金額には達してはいなかったことが分かる。熊野当人も倹約質素を心がけていたであろうが、病気がちであった清象を含め四人家族の家計をあずかっていた妻・スマ子の苦労も偲ばれるところである。熊野自身も後に、「（筆者注：西南学院の教員を辞し小石川教会牧師に転ずるにあたり）私は貧乏と困難は献身当時から承知覚悟のうえでありました。ただ、家計を預かる家内には可なり苦労をさせました。ろくろくやさしいねぎらいの言葉もかけず、いたわりもしないで、随いてくるなら黙ってついてこい、といった調子でワンマン的独裁牧師、ついてくる身には可なり骨が折れたろうと思います」[68]と述懐している。

　またこの1937（昭和12）年は「盧溝橋事件」（7月7日）を発端とし「日中戦争」が開戦した年であった。日本基督教連盟は早速7月22日付文書にて

「非常時局ニ関スル宣言」を発表した。それを受け日本バプテスト組合常置
委員長の職にあった千葉勇五郎は 8 月 2 日付文書にて上記宣言への協力と連
帯を日本バプテストの諸教会に呼びかけ、その連帯の表現として「来る九月
十二日（日）の礼拝献金を右事業（筆者注：皇軍慰問事業）に御向け被下さる
やう」促している[69]。小石川教会の週報にも「伝道集会（筆者注：日曜夜の
集会）は防空演習中につき休会します」[70]の記載があるなど、次第に戦争の
足音が身近に迫りくる時代を迎えていた。

　1938（昭和 13）年の熊野は、例年以上に小石川教会での牧会活動に専念で
きたようである。対外的な働きとしては「関東学院卒業礼拝」（2 月 27 日）
説教のために、小石川教会で主日礼拝説教を行った後に横浜に赴いたこと、
「第 36 回西部組合年会」（3 月 19 ～ 21 日、広島）に出席し「（西部組合）伝道
開始五十周年記念事業委員」の一人に選出されたこと、西部組合主催の「修
養会」（8 月 9 ～ 12 日、粕屋）において一コマの講演を担当したこと、近隣他
派の教会である目白聖潔教会の主日礼拝（10 月 9 日）説教を担当したことが
記録として残されている。
　この年、熊野は珍しく私的な旅行に出かけているが、それは長男・清象の
静養に付随するものであったようである[71]。清象は同年 3 月に体調を崩して
おり[72]、同時期に熊野自身も珍しく広島の年会から帰宅の後、一週間ほど病
臥の身となった[73]。それでも熊野は静かな熱意をもって小石川教会牧師とし
ての働きに注力した。同年の『栄冠』巻頭説教の中に見られる、当時の熊野
の伝道や教会形成に対する思いの表れを以下に紹介したい。その中に当時の
小石川教会の雰囲気もまた感じ取れるようである。

　　…斯く観ずる時、初代に於ける教会は整備せられた今日の教会とは余
　程その趣を異にしてをるやうに思はれる。私は今日の立派な堂々たる会
　堂を与へられてをることを有難いと思ふ。真に勿体ないと思ふ。だが第
　一に大切なものは必ずしも目に見ゆる摩天の会堂ではない。整ひたる設
　備ではない。勿論外観の美でもないのである。要は其処に活ける神の支

配があるや否やである。久遠の主たるイエスの臨在の事実如何の問題である。たとへそれが会堂にせよ、家庭にせよ、乃至は山であれ、海であれ、或は野路であれ、街頭であれ、信ずる者と倶に活けるイエスの臨在し給ふところ其処は即ちイエスの教会であらねばならぬ。実に「二三人わが名によりて集る所には我もその中に在るなり」（マタイ伝十八―二〇）である。

　教会堂のみが神の在はす所と思ふ者はあるまいが、教会堂をもつて唯一の礼拝所であり伝道所であるかの如くに考へてゐる人は信者の中にも決して少くない。

　又伝道の大任を限られた少数の伝道師牧師のみの専門的職業の様に考ふるのも大なる誤りである。観念的には一応承知してゐても習慣的に遂ひさう云つた間違ひを心に起し伝道の大切な責務が自分に命ぜられたものであつたことを忘れてゐるのである。自分のこの責務を忘れた時に動ともすれば教会を非難し、伝道者牧者を云々する。そうして其の責任の一部が自分にあることに気が附かない。如何に他を非難してもそれが正しき自己の弁護とはならぬ。

　…教会も須らく従来の旧殻を脱し教会意識を一会堂に閉ぢ籠めないで汎くイエスの在す所即ち何処もイエスの教会なり、伝道の場所なり、と考へ、信者各自も自ら伝道の大命と責務とを負はせられたる神の僕婢（原文ママ）なることを痛感し、見物席から舞台を観てゐるやうな気持ちや無責任な態度を悔改め、先づ己が心を今一度主に献ぐると共に己が家庭をも主に献げ、神の宮となし、主の在す主の教会として主の御用に献ぐべきではあるまいか。

　斯く身も霊も、家庭も神に献げた者が定められたる時に各自が小さな家庭教会から母教会に集り倶に聖名を讃美し礼拝を献ぐることが出来るならば何と幸ひなことではあるまいか。若しこれが我らの理想であるならば既にこれが現実となつてる家庭も二三ないではない。だがそれ丈けでは充分でない。会員すべての家庭がそれぞれ主の教会とならねばならぬ。会員一人々々が伝道者として活発に起ち上らねばならぬ。…[74]

　…当教会に赴任して茲に第七年目の秋を迎へました私は一個の園丁として反省を深うせしめらるゝものがあります。時に果も有るかの如き観を呈した時もあつたかもしれない。然しそれは外観だけで果のない実状ではなかつたでせうか。モー、七年にもなれば少しは収穫が期待されてもよいではないか。現状は果して如何であらうか。地味が悪いか。樹齢が尽きてるのか。私は然か思つたこともありました。だが、園丁として私は果してなすべき最善の力をつくしたでせうか。あの葡萄園に植ゑてあつた果なき無花果樹に就て主人に願つた園丁の様に私も亦「主よ、今年も容し給へ、我その周囲を掘りて肥料せん」(ルカ伝十三章八節) と申上げたい。…[75]

6．ついに東西バプテストの合同へ（1939［昭和14］年）

　年明けて1939（昭和14）年の冒頭、熊野は西部組合機関誌『バプテスト』に『ヨシュア記』冒頭をテーマにした「年頭説教」を寄稿している。

　…昭和十三（1938）年を送つて新年の初頭に今我等は立つてをる。背後には四十年の放浪の跡が遥かアラビヤの雲海に微かであり、前途には緑滴るカナンの天地が我等を待つてをる。我らは決然とピスガの嶺を辞し、モーセよりヨシユアに律法より福音に従つて美事なヨルダンの徒渉を決行せねばならぬ。十四（1939）年は事多きに更に多きを加へるであらう。新しき伏敵が前途に我等を待つてをるであらう。されど神我等に囁き給ふ、「我なんぢに命ぜしにあらずや心を強くしかつ勇め汝の凡て往く処にて汝の神エホバ偕に在せば懼るゝ勿れ、戦慄くなかれ」(ヨシユア記一章九節) と我等も亦進まん新しき一歩を[76]。

　既述の如く、日本の東西バプテスト両組合は「合同」についてなかなか具体的な作業に入ることができずに時を過ごした。しかし、同年2月21〜22日、ようやく有馬において「東西組合合同委員会」の開催が実現した。「東

部より千葉（勇五郎）、渡部（元）、青柳（茂）、友井（槇）、菅谷（仁）の各委員に神戸の三田村先生を加へて六名、西部よりは下瀬（加守）、三善（敏夫）、谷廣（虎三）、日笠（進二）、黒田（政治郎）の五委員」が招集されており、この中に熊野の名前はない[77]。同年の「第37回西部組合年会」（3月22〜24日、西南学院）には、同委員会名により「東西バプテスト組合合同ニ関スル諸議案」が提出された。議案前文は以下の通りである。当時の日本東西バプテスト両組合指導者たちが「合同」を目指す意図が簡潔に表現されている。

　　吾ガ東西バプテスト組合ハ多年ニ亘リ互ニ組織ヲ異ニシテ福音宣教ノ大任ニ従ヒ来リシト雖モ、両組合ハ元来ソノ主義信仰ヲ一ニスルモノニシテ長ク分立ヲ続クベキモノニアラズ、且ツ最近ニ於ケル我ガ教会内外の情勢ハ両者ノ一致団結ヲ迫ルコト切ナルモノアリ。茲ニ於テカ下名等ハ両組合ガソノ組織ヲ一新シ、我ガ帝国ニ於ケル鞏固ナル一教団トシテ福音宣教ノ使命ニ邁進スベキ時期ノ到来シタルヲ認メ、茲ニ東西両組合年会ニ対シテ左記諸議案ヲ提出スルモノナリ[78]。

　その提案は、大きく「東西両バプテスト組合を解消し、二年後（1941年）に『日本バプテスト教団』として合同したい」「新たな教団規程制定の準備を開始したい」「東西両組合神学校を合同し、東京で教育を行いたい」の三点に集約することができる[79]。千葉勇五郎による説明の後質疑応答がなされ、同年会は「研究委員を挙げて研究せしむること」「委員選挙は理事会に一任」と決議した[80]。

　むしろ同年会において熊野は、もう一つの「目玉」となった議事について中心的な役割を果たした。年会初日夜「議事会」の席にて、「荒川直三氏、議長の許可を得て正面に出で、『時局にかんがみて我らの教界も信仰の確立と福音の宣伝との為に総動員をすべきである』との挨拶を述べる。下瀬議長、同氏の提案を如何に取扱ふかにつき議場に問ふ。それに対し議場は議長、副議長、書記、主事が詮衡委員となりて研究委員を挙ぐること、但し委員の中に荒川直三氏を加ふべきことを決議」[81]するという一幕があった。熊

野はこの「研究委員」として荒川直三、三善敏夫、木村文太郎、福田稚と共に、会期中に至急本件に関する「建議」の文章を立案することになる。それはどのような趣旨を有するものであったのかを、「建議」前文が物語っている。

　　　時は維れ非常の時、国家は今や一切を挙げて未曾有の時難を克服して東亜永遠の平和を確立せんとす。偶々我等は茲に伝道開始第五拾年の記念すべき好機に遭ふ。寔に是神の与へ給ふ得難き一新時期を画するの秋と云ふべし。

　　　顧れば過去既に五十年、我らは豊かなる神の御恩寵と主に在る米国南部バプテスト諸兄姉の熱心なる信仰と懇篤なる愛とによつて主イエス・キリストの福音に接し、且つその御救に預るを得たり。誠に感謝に堪えず。

　　　然りと雖も、恩寵は徒らに之を受くるに慣れて与ふるを忘るべきに非ず。年齢五十は人生生活に於ける分水嶺とも云ふべく、我ら日本バプテスト西部組合も亦この好機を逸せず、予ての宿望たる我が派全教会の自給独立を促進し、近き将来に於てその実現を期す[82]。

「時局にかんがみて」「総動員」等の表現から、具体的な「戦争協力」に関するものをイメージさせられるが、内容としては「日本におけるバプテスト教会の自主独立」に関する再度の決心としての「建議」であった。その目指すところは「教会の集会を重んじ会員の出席を励行すること」「十分の一献金を励行すること」「東亜伝道の拡充」「昭和十六年を期し全教会の独立実現に邁進努力すること」「委員数名を選びその実行方法及促進に当らしむること」[83]であり、これはどこまでも西部組合内部の課題に関する取り組みであったことが分かる。しかしその根底に、当時の天皇制に対する明らかに肯定的な態度が存在することは見逃せない[84]。三日目の「議事会」はこの提案に対し「全員起立して賛成の意を表し可決」させた。同時に「起草委員を以て委員とす」と決議されたため、熊野は継続してこの課題を担当することとな

る⁸⁵⁾。

　熊野自身もこの課題に関して自身の見解を披露した。長文になるが、以下に紹介したい。

　…思へば私共は五十年の長い間米国に於ける主に在る兄弟姉妹の友情と好意により主の福音に接し、御救ひに預つて参つた者でありまして、直接私共の為に貴き犠牲的伝道の生涯を捧げられました幾多宣教師方の労苦を偲びます時に、誠に感謝に勝へないものがあります。たゞ此の上は何時までも恩恵に慣れすぎて独立を忘るゝことなく、一日も速かに自給し、一人前の教会となつて内に内容の充実をみると同時に外隣邦友国への伝道を拡充し得るまでにならねばならぬと思ふのであります。

　其のためには全教会の独立実現に邁進せんとしてをるのでありますが、それにはどうしても先づ個々の教会が強くならなければなりません。教会の強化、それには矢張り前に申しました出席並びに献金の励行が必要であります。そればかりでなく、教会こぞつて今少しく伝道に熱心にならねばなりません。然し伝道は決して教会自給独立の手段ではありません。寧ろよりよき伝道をなさんが為の教会の自給でもあり独立でもあるのであります。

　伝道と云へば直ちに宣教師、牧師、伝道師と云つた一部特定の専門家に限られたものかの様に考へられたり、教壇に立つて説教したり、聖書の講義をすることかのように誤解されてをるのであります。然し伝道とは必ずしも然か云つたものばかりではなくして、伝道とはキリストに由つて神の有となつた人格が然らざる人格と接触することであります。接触の仕方が言葉となつたり、行為となつたりすることがありませう。又は祈りとなることもあります。何れにしても単に一部専門の教職に任せて置かないで全教会員が伝道の為に今少しく本気になることであります。

　わが西部バプテストの全戦線を見渡して感じますことは、それぞれ地方によつて異なる困難があるでありませうが、其中にも比較的に条件の

よい地と悪い所とがあるやうに思はれるのであります。何れも懸命に働いてをられる同労の士でありますが、種々の条件がよくない為に所期の結果を見得ない方も相当あるでありませう。如何なる困難な地にも伝道はなさねばならぬ。否、真先きに困難な地を択ばねばならぬ場合もある。私は決して難を捨てゝ易に就けと申すのではありません。だが過去は過去として若し将来に進展を見んと欲するならば今少しく「地の利」と云ふ点に留意の要がありはしないかと思ふのであります。それと共に「適材を適所に」と云ふことが伝道の全般的成功の上に大切なことではないかと考へられるのであります。

　過去を顧みて徒らに返へらぬ愚痴を繰返へすことは止めねばなりませんが、既往の失敗に鑑みて互に将来を戒むと云ふことは賢者の道かと思ふのであります。

　伝道上何が一番大切かと申しますに神に対する信仰と霊魂に対する熱愛は論を俟たないが、今一つは内部に於ける一致協力の精神でありませう。

　之に反して最も障害となるものは教会内部に於ける対立紛争であります。昔あつた様な宣教師と宣教師、宣教師と牧師、牧師と役員と云つた人間相互間の醜い軋轢抗争は止めなければなりません。私共一人々々が全く主の有となると共に私共の教会と云ふ教会が皆主イエスの教会らしい教会とならねばならないのであります。折角来ては見たが肝腎なイエスの姿が見えない教会では申訳がありません。

　最後に教会の自給独立に関し最も大切なものは何と云つても牧師自身の決心と覚悟であるやうに思はれます。教会財政の安定を待つことも結構でありますが、時に尚早と思はれる時に猶神の御声がかゝることがあります。其処に信仰による冒険的決断を必要とするのでありまして、若し其時同情と理解ある内助者の共鳴と呼応とがありますならば、そして又一方全幅の信頼と尊敬とを以て敢て牧師と共に冒険的敢行に打つて出でんとする教会の支援がありますならば、兄弟姉妹、時代の困難が何であれ、周囲の事情が如何であれ、内に制度機構の欠陥が仮令あつても、

我らの勝利は其処にあるのであります[86]。

　同年会に小石川教会から熊野と共に代議員として出席した上原仁はその感想の冒頭で「東京は少し遠いので、どうしても（西部）組合と接触が少い。其の為に我々（小石川教会）は組合に対し無関心となり勝ちである」[87]と述べた。熊野は教会員よりは西部組合との関わりが深かったものの、やはり西部組合の中心である九州との物理的・心理的距離が無かったとは言えないであろう。また、ここまで確認してきたように、この時期の熊野は西部組合の理事や主事等の職には就いていない。その距離感の中で熊野は当時の西部組合およびその諸教会が抱える課題をこのように冷静に見つめていたのであろう。

　更に同年会にて前述の通り「東西バプテスト合同」の具体案が提示され、その実現化に向かうことが「是」とされたことを受け、熊野は「合同論」という文章を発表した。冒頭にはこのように綴られている。

　　　日本に於ける東西両バプテストが本年の両組合の年会に於て合同の決議をなすに至つたことは誠に慶賀に勝えない。ただ惜しむらくは時期余りに遅きに失したことである。此度の両バプテストの合同が去る議会に於て通過したる宗教団体法に促されて之が決議を見るに至つた事は争へない事実であらう。その為に動ともすれば今回の合同が恰も一種の政治的便法としての合同であるかの感を与へないでもない。
　　　抑も吾々が日本に於ける両バプテストの合同を叫んだのは既に三十有余年の昔に遡る。その合同たるや当然一つであるべきものが二派に分裂して存在することの無意味且つ不合理なるより叫ばれたものであつて決してそれは単なる政治的便法としての合同ではなかつた[88]。

　この「合同論」には、熊野の教会観が明確に表されている。「合同を云々するが凡ての合同必ずしもよいと云ふ訳にはゆかぬ。また同様に分裂の悉くが悪いとは限らない」と前置きしつつ、熊野にとって歴史上におけるキリス

ト教諸教会の「分裂」「分立」は肯定的に評価できるものではなかった。

　　欧米に於けるキリスト教会の歴史に経験せられた分裂の原因としては
　　種々なる理由が挙げられることであらうが過去に於けるそれらの経験が
　　如何であれ将来に繰り返へされ、持続せられねばならぬ理由は少しもな
　　いのである。殊にそれは新しき関係を有つ日本その他の国に於て然りで
　　ある。懐へばキリストとその福音、それだけを携へ来べかりしその当初
　　に過つて醜き対立抗争の歴史と感情をその儘福音の景品として被伝道地
　　たるわれらの国に持ち来つたのである。而して知らざる者をして恰も多
　　種多様のキリストとその宗教とがあるかの様な異な感をもたしむるに到
　　つたのである。これ全くキリストに忠実なるべかりし其かわりに自己と
　　自己の感情とに忠実なりし結果に外ならないであらう。恰も眼のみが真
　　実の体であつて他を否定し、他の四肢五官もそれぞれ自己のみを肯定し
　　て他を否定し合ふが如き愚を敢へて犯して来たのが過去の教会の歴史で
　　ある[89]。

　熊野にとってキリスト教会は、人間の側の「選択や意向」ましてや「利害
方便」によってではなく、「神によつて」「キリストに対する信仰と愛と希
望」とによって一致合同したものとなるべき共同体であった。それゆえ、熊
野はこの度の日本における東西両バプテストの「合同」を前向きに捉えつつ
も、「宗教団体法に促されて」実現したものであるという側面を憂慮し、こ
の「合同」が一時的かつ表面的なものではなく永続的かつ本質的なものであ
ることを願ったのである。

　同年4月には、熊野夫妻の長女・順子が青山学院高等女学部に入学し
た[90]。長男・清象は「近頃毎朝早くから牧師館の庭からエイツ、エイツと云
ふ木剣を振回す声が聞えて来ます。声の主は熊野先生の愛子清象君、先生は
清象君に聖書教育と共に武士道精神を授けたいと考へられて、木剣と静座の
気合を教へて居られます」[91]と近況が紹介されたように、病弱ながら無事に

【写真7】左から清象、清樹、スマ子（1939年頃、古田家所蔵）

10歳の年を迎えている。熊野夫妻はさぞ二人の成長を喜び、二人のため神に祈りつつこの時期を過ごしていたことであろう。

　千葉勇（横浜バプテスト教会牧師）の按手礼会議（4月22日）出席や、四谷教会との交換講壇プログラム（5月7日）における説教奉仕など、東部組合系列のバプテスト教会との交わりにも、熊野は引き続き積極的であった。

　もちろん熊野は小石川教会の牧会にも変わらぬ情熱を燃やしていた。その中で熊野は牧師として、信徒訓練の「行き届かなさ」に若干の苛立ちがあったように見える。丁度、同年8月に一週間の予定で企画されていた小石川教会における最初の教会修養会に参加するに当たり、熊野の胸中には次のような思いがあった。

　　　今度の山中湖修養会に於ては一つ他に見ることの出来ないよい修養会を有つてやらう、と云つた野心が先づ第一に私の頭に浮んだ。又平常教会生活で実行の出来ない親しみのある理想的な協同生活を一つ行つてみたい、と云ふ希望も浮んで来た。いや、日頃教会員や求道者にまだ物足りない信仰上の不徹底さがあり、不熱心がある。それを一つ此修養会でウント修養してあげて確つかりした信仰をもつて頂かう、と云つた考へもあつた。又自分としては今回の山中湖行きで何か一大変化をさして頂

かう。上りと下りで全く別人の如くに変化させて帰へらして頂かう。斯うした種々様々な野心や希望や理想や考へを抱いて私は山中湖の修養会へ出かけた[92]。

　既述の通り、山中湖は熊野がYMCAキャンプスタッフとして度々奉仕に訪れた土地であった。偶々小石川教会の会員であった堀内謙介の別荘が山中湖畔にあり、堀内の好意によりその建物が開放されたため、総勢23名の参加者は周囲への気兼ねなく、一週間の時を過ごすことが可能となっていた。

　プログラム全体はオーソドックスな教会修養会らしく、聖書研究や発題討議の時、懇談やレクリエーション[93]の時から成るものであった[94]。和やかな時の経過の中で、熊野の心境は二転三転、変化していったという。年齢にして50歳を間近に控え、牧師としてのキャリアも20年目を迎えていた熊野であるが、神の前に常に砕かれ、人々に心を開きつつ牧会生活を歩んでいたことが窺い知れる。

　　一日から修養会が始まつた。二日三日と進んで行く、何かしら私の心には一種の狼狽を覚え出した。それは一向修養会の気分が生活の裡に漂はないからであつた。これでは何のことはない今までの各自の生活の寄せ集めたものに過ぎない、今少し厳粛な霊的空気があるべきであるが、と狼狽と同時に失望さへ感じた。修養会が失敗に終りはしないかとの不安も生じた。

　　日程の半ばを過ぎた五日の朝であつた。私は静聴の時に神様から示され叱られた。「お前と云ふ奴は何か自分の計画とか期待とか或は理想とか希望とかそんなものを有つて事に当る。そして事の成敗を一つに自分の注文によつて決める。それがお前の癖だ。それを祭壇に献げて我れに任せよ」と。アヽ然うだ。又この持病でやられた、と悟つたが、嬉しくつて泣けて仕様がなかつた。私の心配杞憂は何処へかスツ飛んだ。S夫人の涙ながらの体験談を初めとしてそろそろ心の衣装も脱ぎ捨てるやうになつた。ボートに泳ぎに午後の時間を楽しみ、炉辺の集ひも愉快だつ

【写真8】山中湖キャンプ（『栄冠』第 43 号）

た。共稼ぎの御飯の味も上々で何だか恩寵の湯に浴した様な心地になつ
て山を下つた[95]。

　同年の秋も、本郷福音教会特別伝道集会（10 月 13 ～ 15 日）講師奉仕、「第
39 回日本バプテスト関東部会」（10 月 17 ～ 18 日、川崎）出席、「第 17 回日
本基督教連盟総会」（11 月 1 ～ 2 日、霊南坂）と対外的な働きの続く中、熊野
はかつての職場である西南学院から秋季校内特別伝道講演（11 月 10 ～ 11 日）
講師として招かれ、九州へと旅立った。西南学院各校での講演の後、熊野は
続けて西南学院教会（12 日）、熊本教会（13 ～ 14 日）、北九州・戸畑教会（15
～ 16 日）にて説教奉仕を務め、大阪に立ち寄り 18 日に帰京した。例の如
く、熊野は九州旅行の一部始終を微に入り細に入り記録[96]に残しているた
め、我々はその詳細を知る事が可能となっている。熊本教会訪問の場面が、
熊野自身の若き日の思い出に重ねて次のように綴られている。

　　七時半から南千反畑町の教会で説教である。題は「全き信頼」、会衆
　は四十名ばかりであつたか。明治四十年八月十一日、私はこの教会で母
　と一緒にバプテスマを受けた。山口サンと云ふ執事の司会で私は「神の

愛」と題して生れて初めての伝道説教をこの教壇からやつた。たしか
十八歳の或る日曜日の夜であつたがシドロモドロで何を言つたか判らな
かつた。小畑（貞家）先生から批評と奨励とを頂いた。神学生の頃夏期
休暇に帰省しては幾度かこの教壇に立つたものである。後藤（六雄）、
小畑（貞家）、川勝（鉄弥）、相良（朝彦）、小野（兵衛）、青柳（茂）、荒
瀬（鶴喜）、と歴代の牧師方の面影が壇上に浮んでくる。松山、林田、
吉田などの古い会員諸兄姉の姿が会衆席に見える心地がするのであつ
た[97]。

　クリスマスシーズンの諸行事や定例の礼拝・諸集会の務めに勤しむ12月
を終え、年明けて1940（昭和15）年1月1日早々、熊野は教会員の古賀武
夫と共に離京した。同時開催の「第38回西部組合年会」「第24回東部組合
年会」「日本バプテスト基督教団組織総会」（1月3〜5日、姫路）に出席する
ためである。いよいよ日本におけるバプテスト教会の群れが一つの時代を終
えていく、その局面に熊野もまた立ち会うことになった[98]。

7．終わりに

　西南学院にて神学科の教員を務めていた熊野は、決して自ら積極的に東京
における牧師職を求めていたわけではなく、むしろやむにやまれぬ状況と心
情の中で自ら「火中の栗を拾う」ような道を選んだと言えよう[99]。しかしか
つて若き日の自分を「キリスト者」「教会人」として育んでくれた小石川教
会、そして信仰の恩師であるクラークとの再びの出会いを熊野は神の導きに
よるものと感謝し、幸いにも対外的な働きにそれほど忙殺されぬ立場の中で
心を込めて一人の牧師としての働きに注力していた様子を、我々は残された
様々な資料から生き生きと知ることができる。この後、とりわけ戦後の時期
に再編される日本のバプテストの中心的な指導者として頭角を現していく熊
野であるが、どんなに多忙な中にあっても小石川（後に駕籠町、目白ヶ丘に改
称）教会の牧師職を離れることはなかった。それは小石川教会に導かれたこ

の時期に培われた一牧師としての献身の思いが熊野の中から生涯消えることがなかったからであろう。

【注】

1) 本稿における引用文は、原文の旧字体を新字体に直して表記した。なお、掲載の写真は熊野の孫にあたる古田直樹氏、小石川バプテスト教会をその前身とする日本バプテストキリスト教目白ヶ丘教会より提供頂いたことに感謝を申し上げたい。

2) 拙稿「熊野清樹を通して見る日本のバプテスト（1）―誕生、幼少期から受浸に至るまで―」、バプテスト研究プロジェクト（編）『バプテストの歴史と思想研究』（関東学院大学キリスト教と文化研究所 研究論集4）、関東学院大学出版会、2020年、43～69頁所収。

3) 拙稿「熊野清樹を通して見る日本のバプテスト（2）―神学生時代、小石川教会との関係―」、バプテスト研究プロジェクト（編）『バプテストの歴史と思想研究』（関東学院大学キリスト教と文化研究所 研究論集5）、関東学院大学出版会、2022年、45～87頁所収。

4) 拙稿「熊野清樹を通して見る日本のバプテスト（3）―最初の牧会、アメリカ留学を経て西南学院の教員へ―」、バプテスト研究プロジェクト（編）『バプテストの歴史と思想研究』（関東学院大学キリスト教と文化研究所 研究論集6）、関東学院大学出版会、2022年、93～142頁所収。

5) 同書、131頁。

6) 小石川バプテスト教会（編）『教会日誌 昭和七年』、8月31日分記録より。年度途中にもかかわらず「第一回」と記されているのは、熊野の招聘を控えた同年8月7日の臨時総会において役員の改選が行われた故である（同書、冒頭記載の「役員一覧」中メモより）。

7) 同書、9月4日分記事、小石川バプテスト教会（編）『小石川バプテスト教会 礼拝順序』（1932年9月4日）。

8) 同書、9月11日分記事より。

9) 同書、9月18日分記事より。

10) 小石川バプテスト教会（編）『栄冠 一九三二年第一号』（1932年9月25日）より。

11) 拙稿「熊野清樹を通して見る日本のバプテスト（3）―最初の牧会、アメリカ留学を経て西南学院の教員へ―」、バプテスト研究プロジェクト（編）『バプテストの歴史と思想研究』（関東学院大学キリスト教と文化研究所 研究論集6）、関東学院大学出版会、2022年、128～131頁参照。

12) 小石川バプテスト教会（編）『栄冠 一九三二年第一号』（1932年9月25日）「日曜学校便り」より。なお、文中「S・S」は「日曜学校（Sunday School）」を指す。

13）日本バプテスト西部組合（編）『聖戦』第 1 巻第 30 号（1932 年 11 月 10 日）より。

14）この「寄宿舎」とは「駕籠町学舎」のことと想定される。同学舎は米国南部バプテストミッションにより「東京市小石川区駕籠町五十八番地」に 1925 年 1 月に開舎された「都下大学及高等専門学校学生の為に設けられたる基督教的家庭にして、同時に又将来国家社会に良き指導者たらんと欲する基督教的青年紳士の為の修養道場」としての学生寮である。理事会構成員として「小石川バプテスト教会牧師並に教会々員」が挙げられている（本則第一章第四条）ことから、この「駕籠町学舎」と小石川教会の深い関係が浮かび上がってくる（『駕籠町学舎々則』より）。

15）小石川バプテスト教会（編）『週報』（1932 年 11 月 13 日）より。

16）小石川バプテスト教会（編）『週報』（1932 年 12 月 11 日）より。

17）熊野清樹「日本日曜学校協会懇談会報告」、日本バプテスト西部組合（編）『聖戦』第 1 巻第 34 号（1933 年 3 月 10 日）所収。なお、同会議においては 7 つの課題（雑誌『日曜学校』をどのようにするか、『日曜学校読本』を協会から出してはどうか、『日曜学校年鑑』『日曜学校百科全書』を出版してはどうか、教派の一致、地域区分を八部制から四部制にし四年に一度各部輪番で講習会を開催してはどうか、「各派協議慰安会」を閑静地に開催してはどうか、毎月一回「在京各派代表日曜学校協議会」を開催してはどうか）について自由な意見交換がなされた旨報告されており、当時の日曜学校運動が超教派的なつながりの中で活発になされていたことが窺える。

18）同年会にて新理事（教育部長、機関誌発行委員）に選出された小野兵衛は、この「十年計画案」について次のように説明している。「本年会の呼物である十年計画案は、其骨子となるべき維持財団の実現を見るに至らず、且つ自然十年計画草案、伝道十年計画案も審議未了のま、理事会に附託せられしことは遺憾であつたが、維持財団の実現までには、手続を経る丈けでも容易のことではなく、且つ各教会がそこまでに成長してゐるかも疑問がある。それにしても期成の第一着手として組合規則が改正せられ、直ちに実行を見るに至つたことが慶賀の至りである。組合規則の改正の要点は、組合年会とミッション年会の対立が解消して一の年会となつたことである。ミッションの長老ウワーン博士が、十年計画案の可決せられしことは、私の四十四年間の幻が実現せられたことで、誠に感謝に堪えないと、涙を以て喜ばれたことは左もありなんと肯づかれた」（小野兵衛「展望台より」［日本バプテスト西部組合（編）『聖戦』第 1 巻第 35 号（1933 年 4 月 10 日）］所収）。

19）日本バプテスト西部組合（編）『聖戦』第 1 巻第 35 号（1933 年 4 月 10 日）「第三十一回年会の記」より。

20）ダニエル・ルーシー・クラーク（1876 〜 1933）は 1899 年 9 月に南部バプテスト派遣の宣教師として来日し、同年 9 月 30 日に当時横浜神学校校長を務めていた Ａ・Ａ・ベンネット司式のもと、Ｗ・Ｈ・クラークと結婚式を挙げた。間もなくクラーク夫妻は横浜から神戸に移り、その後熊本に赴任し、約 20 年同地で宣教の働きに仕えた。

1919 年には東京に移り、数年間米国に戻ったのち 1928 年に再び東京に帰任した。小石川教会でいわゆる「宣教師」というタイトルは持たなかったものの、夫と共に小石川教会に軸足を置きつつ近隣教会や駕籠町学舎の働きに仕え、多くの人々と交わりを持っていたことが追悼記事からも分かる（熊野清樹「クラーク夫人のことども―帰米の途船中にて永眠せり―」、日本バプテスト西部組合［編］『聖戦』第 1 巻第 37 号［1933 年 6 月 10 日］所収）。また夫クラークは妻について次のように語っている。「家内は、はじめ私より半年余りおくれて、ワーン一家と一緒に来日した、旧名、ミス・リユーシル・ダニエルと申しました。名門の出です。来日後間もなく私どもは結婚しましたが、彼女は音楽を好くし、音楽で以て教会のために働き、又日本の婦人や子供のために、多くの努力と時間とを惜まない女でした。私の家内は日本にバプテストの女子教育機関が必要だといふ最初の声を発したと言へるでせう。家内の龍田丸で眠る時の最後の語は『日本人に聖書を研究し、キリストに従ふやうに言つて下さい』といふのでした」（佐々木賢治「クラーク先生と語る」、日本バプテスト西部組合［編］『バプテスト』第 69 号［1936 年 2 月 15 日］所収）。

21）同上。

22）同上。

23）小石川バプテスト教会（編）『栄冠』第 40 号（1939 年 5 月 15 日）「クラーク夫人の言葉」より。

24）小石川教会の機関誌編集などに大きく関わるようになった今井東吾ほか 5 名が受洗した。

25）日本バプテスト西部組合（編）『聖戦』第 1 巻第 44 号（1934 年 1 月 10 日）「各教会代表者協議会」より。

26）日本バプテスト西部組合（編）『聖戦』第 1 巻第 45 号（1934 年 2 月 10 日）「非常時来」より。

27）日本バプテスト西部組合（編）『バプテスト』第 49 号（1934 年 6 月 17 日）記事より。

28）プログラムの 3 日目に講演「バプテストと教会」を担当した（日本バプテスト西部組合［編］『バプテスト』第 51 号［1934 年 9 月 15 日］記事より）。熊野はこの「修養会の感想」として次のような短文を寄せた。「山は緑、或は淡く、或は濃く、既に紅葉さへ加へ、遠く低く、肥後の平原を見渡し晴れたる日には熊本の金峰山を超えて島原の温泉岳を望む眺め誠に雄大な阿蘇の中腹湯の谷である。途中の道は険しく不便であるが来てみると流石に涼風まさに晩秋の感があつて日頃の心労も途中の暑さも打忘れて仙境に在る心地で四日間を過した。修養会出席は約三十名、大部分は教役者で役員及一般信徒の少数であつたのは寂しく感じた。殆ど毎日雨で時に霏々として又時に沛然として講演者の声もために打消さるゝこともあつた。プログラムはよく出来て委員の労を謝すが、特に嬉しく思つたのは信徒諸氏の立証談であつた。傾聴しつつ熱い涙を覚えた。教勢の現状は微々として不振であるが、ヤングバプテストの将来に大き

な望を与へられて山を下つた」（日本バプテスト西部組合［編］『バプテスト』第52
号［1934年9月17日］「修養会の感想」より）。

29) 1935年1月の『聖戦』記載の役職リストでは、「出版部委員」の一員として名を連ね
ているが（日本バプテスト西部組合［編］『バプテスト』第56号［1935年1月15日］
「謹賀新年」より）同年4月開催の年会にて選出された「出版部委員」7名のうち熊
野の名前はない（日本バプテスト西部組合［編］『バプテスト』第59号［1935年4
月20日］「出版部報告」より）。後の号を確認すると年ごとに表記のばらつきが見ら
れ、総合的に考えると熊野は常に「出版部」に協力する「連絡通信委員」でありつ
つ、「出版部委員会」を構成する「出版部委員」7名のうちには入っていなかったと
考えるのが妥当であろう。

30) 熊野清樹「エホバはわが牧者なり」、日本バプテスト西部組合（編）『バプテスト』第
51号（1934年8月15日）所収。

31) 日本バプテスト西部組合（編）『バプテスト』第57号（1935年2月15日）「マドレー
博士一行来訪記」より。

32) 日本バプテスト西部組合（編）『バプテスト』第58号（1935年3月19日）「理事会
に於けるマドレー博士との懇談事項―覚書」より。

33) 当時、日本バプテスト西部組合の主事職にあった黒田政治郎は「教界内には各派の合
同が、提称されてすでに幾年を経た。昨今は頻りに東西両組合の合同が云々されてゐ
る。本年の年会にはこの事が議論されること、思ふ、が更にそれよりも前に考へなけ
ればならない事は組合内教会の協力といふことではなからうか」と述べている（日本
バプテスト西部組合［編］『バプテスト』第58号［1935年3月19日］「第三十三回
年会を迎ふるに当り―当事者は斯く語る」より）。また、前述のマドレー博士らと理
事会との懇談においても「東西バプテストの合同」は話題として挙げられていない。

34) 日本バプテスト西部組合（編）『バプテスト』第58号（1935年3月19日）「年会を
前に―代表意見を訊く」より。なお、同年会においては全34件の議案の一つとして
「東西両組合合同に関する問題」も取り上げられ、「委員を挙げて研究せしむる事」の
み決議している（日本バプテスト西部組合［編］『バプテスト』第59号［1935年4
月20日］「第三十三回年会」より）。

35) 当時、西部組合の主事及び常任理事を務めていた黒田政治郎「第二十四回組合総会見
聞記」、日本バプテスト西部組合（編）『バプテスト』第61号（1935年6月15日）
所収。黒田は自身の見解を次のように記している。「…筆者は合同に反対する者でな
い。然しこの総会に出席して尚早の感をもつて帰つて来る。東西両組合の何人でもが
合同すべきだといふ念願はもつてゐる。然し一つの具体案をも持たない。最初比較的
容易にまとまりそうに思つた、常置委員に両邦人主事を加へて合同の一歩に歩み出さ
うと試みられた常置院の案は一顧だにされなかつた。東西組合に合同してやれる事業
があれば先づその事から始めやうといふ実意を発見することが出来ないでた、口角泡

をとばす議論だけ拝聴して来た。或人が今日はその時機だといはれたやうだがもつと
地みちに考へる必要はないのか。合同は尚早だと考へざるを得ない。殊に総会の時に
聞いたことだが、東部年会では理事会が伝道地の開廃伝道者の移動の全権を握るやう
に組合規則を改正されたそうだが、これではいよいよ東西両組合の合同は尚早である
といはざるを得まいと思ふ。バプテストはどこまでもバプテストでありたいと思ふ」。

36) 片谷武雄「日本バプテスト教会組合の総会とその問題」、日本バプテスト西部組合
（編）『バプテスト』第 60 号（1935 年 5 月 12 日）所収。

37) この来日の際にマドレーが東西バプテスト合同問題に触れ「『在米宣教師はこれに大
体賛成の筈であり、在米の主事も然り、日本は米国と国状を異にする故に何等分離の
必要を認めない、合同後と雖もキリストの兄弟として援助を惜しまぬ』と述べたこと
は、合同の促進に対する西部側打開の途ともなつた」（日本バプテスト連盟歴史編纂
委員会［編］『日本バプテスト連盟史 一八八九―一九五九』、日本バプテスト連盟、
1959 年、464 頁）。

38) 拙稿「熊野清樹を通して見る日本のバプテスト（1）―誕生、幼少期から受浸に至る
まで―」、バプテスト研究プロジェクト（編）『バプテストの歴史と思想研究』（関東
学院大学キリスト教と文化研究所 研究論集 4）、関東学院大学出版会、2020 年参照。

39) 坂田は同年 11 月 24 日に「福音の真義」、日疋は同年 12 月 15 日に「実際的基督教」
と題した説教を行った（小石川バプテスト教会［編］『小石川バプテスト教会週報』
［1935 年 11 月 24 日、同 12 月 15 日］より）。

40) 日本バプテスト西部組合（編）『バプテスト』第 67 号（1935 年 12 月 15 日）「全国基
督教協議会」より。バプテストからは同委員として熊野の他に時田信夫（日本バプテ
スト東部組合主事）が選出されている。

41) 日本バプテスト西部組合（編）『バプテスト』第 68 号（1936 年 1 月 15 日）「一九三六
年」より。

42) 1936 年で 69 歳を迎えていたクラークは「現在の西部バプテスト組合の宣教師中の最
も長老」であった（佐々木賢治「クラーク先生と語る」、日本バプテスト西部組合
［編］『バプテスト』第 69 号［1936 年 2 月 15 日］所収）。

43) 熊野清樹「クラーク先生と私」、小石川バプテスト教会（編）『栄冠』第 2 号（1936
年 3 月 15 日）所収。

44) 日本バプテスト西部組合（編）『バプテスト』第 71 号（1936 年 4 月 21 日）「東京に
於けるクラーク博士送別会」より。

45) クラークによる「お別れの挨拶」は『栄冠』第 2 号（1936 年 3 月 15 日）に掲載され
ている。

46) 例えば 1936 年 4 月には「全国協同伝道宣言大会」（青山会館、28 日）や「東京バプ
テスト大会」（早稲田ススコットホール、29 日）に出席との記録が残っている（小石
川バプテスト教会［編］『小石川バプテスト教会週報』より）。

47) 小石川バプテスト教会（編）『小石川バプテスト教会週報』(1936年5月17日、同24日、同31日) より。

48) 日本バプテスト西部組合（編）『バプテスト』第74号 (1936年7月1日)「熊野牧師による特別伝道会―下関バプテスト教会―」より。なお、『バプテスト』同号に熊野の説教「十字架なくば」が掲載されており、下関での説教の要約である可能性が高い。

49) 小石川バプテスト教会（編）『小石川バプテスト教会週報』(1936年7月5日) より。

50) W・M・ギャロット「奥行きの深い信仰の友」、日本バプテスト連盟（編）『バプテスト』第197号 (1968年10月20日) 所収。

51) 熊野清樹「送別の辞」、小石川バプテスト教会（編）『栄冠』第8号 (1936年9月15日) 所収。

52) M・ギャロット「挨拶」、小石川バプテスト教会（編）『栄冠』第8号 (1936年9月15日) 所収。

53) 初子が「臨終に間に合わない妹のために託された言葉は『お母さんのような傲慢な女にならないように』という言葉であった」と熊野は後に振り返っている（熊野清樹「さて、レールは新しくなつた」、日本バプテスト連盟［編］『バプテスト』第51号［1958年8月30日］所収)。

54) 小石川バプテスト教会（編）『栄冠』第10号 (1936年9月15日)「熊野初子履歴」より。

55) 同上、「熊野初子葬儀順序」より。

56) 熊野清樹「亡き母の思出」、日本バプテスト西部組合（編）『バプテスト』第84号 (1937年5月1日) 所収。

57) 上原仁「熊野のおばあ様」、小石川バプテスト教会（編）『栄冠』第22号 (1938年11月15日) 所収。

58) 熊野清樹「一九三七年を迎へて」、小石川バプテスト教会（編）『栄冠』第12号 (1937年1月15日) 所収。

59) 日本バプテスト西部組合（編）『バプテスト』第82号 (1937年3月1日)「我等の教役者を語る」より。

60) 熊野清樹（「湯谷」のペンネームで執筆）「車中偶感」、小石川バプテスト教会（編）『栄冠』第23号 (1937年12月15日) 所収。また、当時の熊野は血圧の高さを周囲に心配されていたという。「…牧師は百四十度の血圧を物ともせず教会の為に心を砕いて居られます。『先生血圧が高いさうですが』と探りを入れた処、『ナーニこの通り何でもないよ』、若々しい笑ひと共に腕をまげ、胸を叩いて見せる。…」(小石川バプテスト教会［編］『栄冠』第14号［1937年3月15日］「駕籠町便り」より)。

61) 日本バプテスト西部組合（編）『バプテスト』第83号 (1937年4月10日)「説教 基督者の光栄」(黒田政治郎) の末尾にそのように添え書きがなされている。

62) 日本バプテスト西部組合（編）『バプテスト』第83号 (1937年4月10日)「第

三十五回年会終る」より。なお、西巣鴨教会は同年6月6日に「自給独立感謝会」を開催した（日本バプテスト西部組合［編］『バプテスト』第86号［1937年7月1日］「組合時事」より）。

63) 同上。

64) 熊野と共に、天野栄造、片谷武雄、黒田政治郎、三善敏夫、為近貞義、尾崎主一、下瀬加守、谷廣虎三、荒瀬鶴喜といった面々が選出されており（日本バプテスト西部組合［編］『バプテスト』第83号［1937年4月10日］「昭和十二年度役員、委員」より）、西部組合のこの問題に関する関心の高まりが窺える。

65) 熊野清樹「旅日記」、小石川バプテスト教会（編）『栄冠』第22号（1937年11月15日）所収。

66) 日本バプテスト西部組合（編）『バプテスト』第90号（1937年11月1日）「ハガキ回答 吾が愛用の聖書、讃美歌」より。

67) 小石川教会の機関誌『栄冠』の最終ページには毎月の「会計報告」が記載されている。また、年次総会の記録も『栄冠』に記載されているため、本来小石川教会が設定した予算としての「牧師給」についても知ることができるのである。

68) 熊野清樹「恩寵の七十七年を迎えて」、日本バプテスト連盟（編）『バプテスト』第151号（1967年11月20日）所収。

69) 日本バプテスト西部組合（編）『バプテスト』第88号（1937年9月1日）「進言」および囲み記事より。

70) 小石川バプテスト教会（編）『小石川バプテスト教会週報』（1937年11月21日）より。

71) 妻・スマ子の消息として、「清象君の健康のため七月二十七日より山中湖へ行かれました。清象君は魚釣りに興じて居るさうです」と紹介されている（小石川バプテスト教会［編］『栄冠』第31号［1938年8月15日］「駕籠町便り」より）。

72) 「熊野先生の御旅行中、奥様が御病床に臥され、続いて御令息清象君も急に病気になられ、一時は生命を気遣われましたが、椎葉姉古賀姉或は他の会員方の手厚い看護により大分元気になられ、唯今では快方に向つて居られます。奥様は清象君の御病気のため、御自分の病を追出してしまはれたらしく病床をあげて働かれてゐます」（小石川バプテスト教会［編］『栄冠』第26号［1938年3月15日］「駕籠町便り」より）。

73) 小石川バプテスト教会（編）『栄冠』第27号（1938年4月15日）「駕籠町便り」より。

74) 熊野清樹「イエスの教会」、小石川バプテスト教会（編）『栄冠』第30号（1938年7月15日）所収。

75) 熊野清樹「無花果樹下に祈らん」、小石川バプテスト教会（編）『栄冠』第32号（1938年9月15日）所収。

76) 熊野清樹「新しき一歩」、日本バプテスト西部組合（編）『バプテスト』第104号

（1939年1月1日）所収。

77）日本バプテスト西部組合（編）『バプテスト』第106号（1939年3月1日）「組合時報」より。

78）日本バプテスト西部組合（編）『バプテスト』第107号（1939年4月7日）「東西バプテスト組合合同ニ関スル諸議案」より。

79）同上。

80）麦野稔「千葉、ランキン両博士を迎へ　第卅七回年会感謝裡に終る」、日本バプテスト西部組合（編）『バプテスト』第107号（1939年4月7日）所収。

81）同上。

82）日本バプテスト西部組合（編）『バプテスト』第107号（1939年4月7日）「建議」より。

83）同上。

84）発案者の一人である荒川はその趣旨について「（日本）国民は総力を揚げて東亜永遠の平和確立の為めに邁進して居る。この時に当り我等基督者は何を以つて上御一人（筆者注：「かみごいちにん」とは天皇の尊称）の宸襟（筆者注：「しんきん」とは「天皇の心中」）に応へ奉り国に報いるであらうか。元より基督者と雖ども、国民として尽忠報国の念に於いては他の者と何等異る所はないが、キリストに召されキリストより遣はされた基督者としての我等に負はせられて居る使命は何であらうか。キリストの福音を宣揚して祖国を神の国となすことこそ我等の使命ではないか。それならば其の為めに我等は何うすべきであらうか。我等は今一度自らの信仰を反省して信仰の確立を計る事程急なるはないと思ふ」と解説している（荒川直三「非常時局に際して我等何をなすべきか」、日本バプテスト西部組合［編］『バプテスト』第108号［1939年5月1日］所収）。

85）麦野稔「千葉、ランキン両博士を迎へ　第卅七回年会感謝裡に終る」、日本バプテスト西部組合（編）『バプテスト』第107号（1939年4月7日）所収。

86）日本バプテスト西部組合（編）『バプテスト』第108号（1939年5月1日）、「教会総動員の具体的意見を訊く」より。

87）上原仁「年会の感想」、小石川バプテスト教会（編）『栄冠』第39号（1939年4月15日）所収。

88）熊野清樹「合同論」、小石川バプテスト教会（編）『栄冠』第41号（1939年6月15日）所収。

89）同上。

90）小石川バプテスト教会（編）『栄冠』第39号（1939年4月15日）「日曜学校」より。

91）小石川バプテスト教会（編）『栄冠』第42号（1939年7月15日）「駕籠町便り」より。

92）熊野清樹「修養会の感想」、小石川バプテスト教会（編）『栄冠』第43号（1939年8

月 15 日）所収。

93）レクリエーションの中には「一夜、短所を指摘し合ふ会を持ち、その翌晩は長所を指摘し合ふ集り」というユニークな企画があり、熊野一家のそれぞれの長所は「熊野先生　真」「熊野夫人　貞節」「順子さん　努力家」「清象君　利発」と挙げられ、家族それぞれの個性が垣間見える（小石川バプテスト教会［編］『栄冠』第 44 号［1939年 9 月 15 日］「駕籠町便り」より）。スマ子はこの修養会でも「炊事から買物から万相談引受処と云つた風で内外共に忙がしい事であつた。『立つたり座つたりして皆の邪魔をした』等とあやまつてゐられたけどあやまりはこつちでこそ云ひ度い処であつた。『マヽ』『マヽ』と学生さんたちが熊野夫人の事を呼んでゐるのも実になごやかな親しみ深いものであつた」（齋藤つたの「修養会の想ひ出」、小石川バプテスト教会［編］『栄冠』第 44 号［1939 年 9 月 15 日］所収）。

94）岩永敬之「山中湖畔修養会記録」、小石川バプテスト教会（編）『栄冠』第 43 号（1939年 8 月 15 日）所収。

95）熊野清樹「修養会の感想」、小石川バプテスト教会（編）『栄冠』第 43 号（1939 年 8月 15 日）所収。

96）熊野清樹「里帰り旅日記」（小石川バプテスト教会［編］『栄冠』第 46 号［1939 年 11月 15 日］所収）、熊野清樹「里帰り旅日記（続き）」（小石川バプテスト教会［編］『栄冠』第 48 号［1940 年 1 月 15 日］所収）。

97）熊野清樹「里帰り旅日記（続き）」、小石川バプテスト教会（編）『栄冠』第 48 号（1940 年 1 月 15 日）所収。

98）東西バプテストの合同に関する詳細な経緯は、枝光泉『宣教の先駆者たち―日本バプテスト西部組合の歴史―』（ヨルダン社、2001 年）の第三章「日本バプテスト西部組合の再編（1933-40）」等を参照のこと。なお、枝光はこの合同に関し、「既にこの時期においては宗教団体法の制定は避けられないものであると判断され、その実施時期よりも前に、日本バプテスト基督教団としての認可をめざしたためであった。従って合同のための準備期間としては短かった。個々の教会は、バプテスト教会としての自給独立には程遠い状態のまま、戦争に向かってつき進む日本社会のなかにあって、教会として生き残る道を合同という形で模索した」と評価している（同書、107 頁）。

99）拙稿「熊野清樹を通して見る日本のバプテスト（3）―最初の牧会、アメリカ留学を経て西南学院の教員へ―」、バプテスト研究プロジェクト（編）『バプテストの歴史と思想研究』（関東学院大学キリスト教と文化研究所　研究論集 6）、関東学院大学出版会、2022 年、128 〜 131 頁参照。

第二部

日本におけるバプテスト研究の歩みと担い手 (寄稿)

はじめに　　　　　　　　　　　編集担当：内藤　幹子

　2023 年は、「バプテストの日本宣教 150 周年」に当たる記念の年となりました。そして、主に日本のバプテスト教会や研究機関に連なる研究者によって、決して大きな規模とは言えませんが、着実に「バプテスト研究」が積み上げられています。

　関東学院大学が擁する「キリスト教と文化研究所」も、日本における「バプテスト研究」の一翼を担い続けてきました。学内・学外のバプテスト研究者によるバプテスト関連の教科書や研究書の出版はその成果の一部であります。

　本書におきましては、現在、本学「キリスト教と文化研究所」に連なるバプテスト研究者の中から 4 名の方の研究内容や「バプテスト研究に対する思い」を広くご紹介したく、そのためのページを用意することとしました。限られたページ数でありますので、ご紹介すべきところの全てを網羅することは叶いませんが、日本において様々な角度や関心から「バプテスト研究」の歩みが現在も展開していることにご関心を寄せて頂ければ幸いです。

　なお、ご紹介の順番は氏名の五十音順としています。

私のバプテスト研究　　　　　　　　　　　　　　金丸　英子

　バプテスト研究を志した理由は、牧師の召命をいただいたことにある。キリスト教とは縁のない家庭に生まれ育った筆者は、バプテスト派大学進学後、初めて教会の門を潜った。その教会で信仰の種を蒔かれ、導かれて信仰者となって、伝道者の決意まで与えられた。西南学院大学で神学教育を受け、卒業後は日本バプテスト連盟の教会で専従者として働く中、「自分の教派について学びたい」と年々強く願うようになっていた。神学部でバプテストについて学んでいたはずなのに、である。「バプテスト教会の牧師として働くならば、自分の教派の歴史と神学的な特徴を知らないで、どうして教派

教会の牧師の働きを為し、バプテスト教会をたててゆけようか」が内面の死活問題となっていた。バプテストの専門教育を受けるための教育機関を探したが、当時、国内でそれを見つけることが困難であったため、目は自然と海外へと向く。最終的な選択肢はイギリスとアメリカのどちらかの大学院進学に絞られ、後述するが、アメリカの南部バプテスト系の高等教育機関に進学を決めた。

　アメリカ国内の２つの大学院で11年弱学び、学位を得て帰国してからもうすぐ４半世紀が経つ。その間、研究の関心は一貫して「バプテストをバプテストたらしめるものは何か」である。研究の範囲を「バプテスト派誕生時の神学的・歴史的研究」に絞り、欧米の初期バプテスト派の歴史に焦点を当てて、教派のアイデンティティーに関わる問いを様々な切り口から研究することに努めてきた。筆者の念頭には、常に、教派教会のあり様とそのアイデンティティーへの学的な興味と関心があったので、伝道者養成機関としての大学神学部は理想的な環境であった。そこで学生諸君から、同僚諸氏から、諸教会から直接・間接にさまざまな刺激、問い、挑戦を受けたが、それらは筆者の研究者としての情熱を掻き立てて余りあった。加えて、そのような環境に身を置くことが許された幸いは、いくら感謝しても足りない。

　バプテストの源流をイングランドのバプテストに求めるのは自然のことである。しかし、日本のバプテストの先達がバプテストの信仰的立場と実践を学んだのはアメリカのバプテスト派宣教師からであった。日本のバプテスト教会のルーツを辿ろうとすれば、アメリカを経由し、そこで発展したアメリカ・バプテストの特徴とその日本への伝播、受容に関する学的研究は無視できない。その分野の研究はいまだ途上であり、筆者の研究の目も多くそちらに注がれたと思う。17世紀初頭に登場した「バプテスト」という教派が、成長し、発展し、伝播されて受容される歴史において、どこが変わり、どこが変わらずに継承されたのか。そこにきっとバプテストをバプテストたらしめてきた「核」のようなものがあるに違いない。では、それは何か。筆者のささやかな学究生活の中心はそこにあったと、今、思い当たる。

「バプテストとは何か」を見つめて　　　　津田真奈美

　2023年は日本のバプテスト派教会の伝道において大きな意味を持つ年で、宣教師N.ブラウン師が来日し、横浜第一浸礼教会が設立されてから150年という節目を迎えています。そのような記念すべき年に、自分の「バプテスト史」を振り返る機会が与えられたことをありがたく感じております。

　私が初めてキリスト教に触れたのは、改革派系のミッションスクールでのことです。その時は、その学校が何派であるかということは全く意識していませんでしたし、理解してもいませんでした。その後、キリスト教のことを学んでみたいという漠然とした思いから、同じく改革派系のキリスト教主義の大学に進学しました。そこで、教理や歴史を学ぶにつれ、キリスト教には多くの教派があり、それぞれに神学的な特徴があるということを知るようになりました。キリスト教を専門に学ぶ講義でもキリスト教徒ではない学生も少なくなく、一般的な視点からそれぞれの教派の相違について質問されることもありました。また、同じくキリスト教徒の学生と話しても、これまで意識してこなかっただけで、宗派・教派の違いというものは、こんなにも日常の中に存在していたのだと気づかされました。そこから、私が受洗した所属教会がバプテスト派教会に属することを改めて意識するようになりました。とはいえ、自分がバプテスト派教会に属すると意識するようになってから日が浅かったので、何がバプテスト派教会の特徴であり、神学的主張は何かをあまり理解していなかったように思います。

　転機になったのは、卒業論文のテーマを決める時でした。テーマを絞り切れず、指導教員や牧師に相談すると、「せっかくだからバプテスト派教会に関するテーマにしてはどうか」とアドバイスをいただきました。当時は教会内の子どもの教育にも強く興味を持っていたので、卒論のテーマを「バプテスト派の教会教育－初期の信仰告白から見るその重要性－」としました。しかし、無事卒業論文は書き上げたものの、自分は「バプテストとは何か」ということを全く分かっていないということを改めて突き付けられることにな

りました。卒業後は就職を希望していましたが、指導教官や学科の教授とも相談させていただき、急遽、大学院に進学して研究を続けることにしました。

　大学院では、より明確で詳細なテーマの選択、一方で自分の研究分野に関する俯瞰的な視野が求められます。自分の中で「バプテストとは何か」ということを大きなテーマとして掲げつつ、課題としては、より具体的な問題意識をもってテーマを考えていかなければなりません。

　初めに取り組んだテーマは、バプテスト派教会の中で主流と言える、パティキュラー・バプテストの先人たちについてでした。著名な説教者・チャールズ・ハッドン・スパージョン（Charles Haddon Spurgeon, 1834-1892）をはじめ、18世紀のパティキュラー・バプテストを代表するような神学者ジョン・ギル（John Gill, 1697-1771）、アンドリュー・フラー（Andrew Fuller, 1754-1815）らに注目し、特定（限定）贖罪論を信じるパティキュラー・バプテストの特徴とも言えるカルヴァン主義の影響、特に彼らをめぐって起こったハイパーカルヴィニズムのムーブメントについて取り組みました。しかし、すぐに、パティキュラー・バプテストと、アルミニウス主義の影響を受けたとされる普遍贖罪を信じるジェネラル・バプテストの相違の問題に遭遇しました。両者は、同じ集団が分かれたということではなく、成立自体別個の流れを持っています。歴史的に先に起こった集団はジェネラル・バプテストの方でしたので、「バプテストとは何か」ということを根本的に理解するために、ジェネラル・バプテストの研究に切り替え、「ジェネラル・バプテスト成立とトーマス・ヘルウィス」（タイトルママ）というタイトルで修士論文を書きました。

　それ以来、私は、ジェネラル・バプテストの成立史を専門に研究するようになりました。特に、黎明期を担ったジョン・スマイス（John Smyth, c.1550-1612）、トマス・ヘルウィス（Thomas Helwys, c.1575-c.1614）の神学的思想を、彼らの信仰告白や著作群、書簡の分析によって明らかにしようと試みています。ヘルウィスは一般信徒であったため、彼の神学的思想は、師であり神学者でもあるスマイスの神学思想と同一視されてきましたが、研究の

結果、スマイスとは異なった見解を多く持っていることも明らかになってき
ました。注意深く彼らの著作群を比較分析すると、明確な意図をもって言葉
を選んでいることがわかります。そこに何らかの相違が見られれば、それを
両者の相違と見ることができると考えています。

　まず、ヘルウィスの『オランダ、アムステルダムに留まる英国人の信仰宣
言（A Declaration of Faith of English People Remaining at Amsterdam in Hol-
land)』（1611 年）とスマイスの『我々は信じ、口で告白する（Crede credi-
mus, et ore confitemur)』（1609 年）の比較によって、ヘルウィスの神学的思
想の検討を行いました。重要な相違として（1）ヘルウィスは「原罪」を肯
定しているがスマイスは否定する、（2）ヘルウィスは「全的堕落」を主張す
るがスマイスには「自由意思の尊重」などに「部分的堕落」の傾向が見られ
る、（3）ヘルウィスは「限定的贖罪」を主張するがスマイスは「普遍贖罪」
を主張する、（4）ヘルウィスは「信仰義認」の立場を取るがスマイスは「信
仰と行い」による義認の立場を取る、（5）ヘルウィスは「相互扶助的教会」
を強調する、（6）幼児洗礼否定の考え方がヘルウィスとスマイスでは異な
る、（7）ヘルウィスに教会と国家という対比構造が見られるという 7 点の相
違を明らかにすることができました。

　次に、ヘルウィスの代表著作と言われる『不法の秘密に関する小考察（A
Short Declaration of the Mystery of Iniquity)』（1612 年）、特に第 2 章における
ヘルウィスの神学的思想を検討しました。『不法の秘密』におけるヘルウィ
スの中心主題は「王の回心の勧め」であることがわかりました。ヘルウィス
がこの「王の回心の勧め」を展開していく中で主張していることは、主に
（1）神への良心の自由の主張、（2）霊的事柄への王の権限の否定、（3）（上
記 2 点に基づく）ヘルウィス的政教分離思想の 3 点で、これらはヘルウィス
の独自性と考えることができます。

　そして、前述した相違点の中で、最も大きく両者が異なるのは、教会と国
家の考え方です。ヘルウィスの教会論の特徴は、（1）世と教会の明確な区
別、（2）教会は聖書主義であること、（3）（1 と関連して）教会は中央が支配
するのではなく、地域教会それぞれの会衆が決定権を持つこと、（4）自発的

な信仰と罪の告白に基づく信仰者のバプテスマ、(5) 教会は4を受けた信徒だけで構成された「集められた契約的共同体」であること、(6) 教会の第一の任務は世に対する福音提示という6点が挙げられます。また、ヘルウィスは、教会の役割や機能について (1) 説教、礼典の執行、教役者の任免、教会員の受け入れと除名であること、(2) 教会員の訓練、相互啓蒙、相互扶助についての強調、(3) 教会や教会によって選出された教役者は他の役職や会衆に縛られないこと（地域教会の優位性）、(4) 破門者については教会の交わりからは除外するが、市民社会からは除外しないこと、(5) しかし、教会から世俗的な役職を排除しないこと（王や行政に携わる者も、教会の主ではなく教会に属することが可能であること）と述べています。

　ヘルウィスの教会論への関心は著作を追うごとに高まりと確信を感じさせます。ヘルウィスの神学的思想では「相互扶助的教会」が強調され、教会と国家という対比構造が見られますが、世から離れ、ワーテルラント派（再洗礼派メノナイトのグループ）への合流を望んだスマイスにはこれらの特徴は見られません。特に興味深いのは、ヘルウィスの神学的思想にはむしろカルヴァン主義の影響を強く見てとれることです。しかし、スマイスの神学はそうではありません。ジェネラル・バプテストの特色とも言えるアルミニウス主義の影響がどこからもたらされたものなのか、より詳しく見ていく必要を感じています。それも関連しているのか、近年の海外の研究では、ジェネラル・バプテストとパティキュラー・バプテストの呼び分け自体も、積極的な意味では使用されていません。両者の黎明期、初期については、初期英国バプテスト（Early English Baptist）と合わせて表記されているのをよく見かけるようになりました。

　加えてジェネラル・バプテストの成立過程に研究テーマを絞ってから、むしろ、研究のアンテナを多方面・他分野に広げ、視野や知識を養う必要性を感じています。特に私にとって大きなことは、歴史上も長く混同されて理解されてきた再洗礼派の研究者たちと交流や議論をすることです。特に「再洗礼派研究会」の方々とは、再洗礼派の信仰の潮流を見ていく雑誌連載、そしてその連載をまとめた書籍刊行のプロジェクトへの参加を許されたこともあ

り、良い交流の機会となりました。複雑な影響関係を持つ再洗礼派とバプテスト派教会の関わりはこれからも意義深い研究対象になることでしょう。もうひとつは、近世イギリスにおけるセクトの問題についてです。バプテスト派教会は、ジェネラル・バプテストもパティキュラー・バプテストも非国教徒の集団を基に成立しています。彼らとの影響関係についての研究は非常に重要です。英国国教会とバプテスト派教会を含むセクトとの問題についても、バプテスト派教会以外のセクト集団の研究者の方々から助言や示唆をいただき、研究を進めているところです。最後に、近年では、ヘルウィスの神学的思想に社会学、政治学の分野からも注目が集まっています。彼らは近代的思想、特に信教の自由や良心の自由、基本的人権などの思想の萌芽をヘルウィスの著作に見ているのです。これらを検証するためには、近代的思想の概念や歴史についても知識を深める必要があります。しかし、限られた時代的、思想的制約の中で、ヘルウィスが近代的思想の萌芽とも思える表現に至ったことは確かに驚くべき事実ですが、ヘルウィスの神学的思想に過度に近代思想の萌芽を見ることも避けなければなりません。17 世紀人としては先進的な価値観を持っていたとしても、前後の文脈を注意深く見て、ヘルウィスが本当に主張したいことを解き明かすことが重要だと考えます。

　このように研究を深めれば深めるほど、新たな疑問が湧いてきます。月並みですが、研究とは終わりのないものだと改めて感じています。黎明期を支えたスマイスとヘルウィスの神学的思想の分析を続けていくことは、研究のきっかけとなった「バプテストとは何か」という壮大なテーマを少しでも明らかにすることにつながると信じて、これからも取り組み続けたいと考えています。

多くの証人に雲のように囲まれている　　　　　　原　真由美

はじめに

　バプテスト派の宣教師ネーザン・ブラウン、妻シャーロッテは 1873 年 2

月7日にJ・ゴーブル、妻エリザと共に横浜に到着した。1873年の2月にブラウンにより「横浜第一浸礼教会」を設立したが、日本で「日本基督公会」につぐ2番目のプロテスタント教会であることはあまり知られていない。この1873年は禁制の高札撤去の年で、事実上、キリスト教の伝道が可能になった年である。本年2023年は、150年が経過したことになる。

　ブラウンは、アメリカで奴隷解放運動に論陣をはり、奴隷制度反対の請願書をリンカーン大統領に提出し、差別撤廃を積極的に進言した人物だった。来日する前にはミャンマーやインド、アッサムに赴任し、アッサム語の新約聖書を完成させていたが、健康を害し帰国、その後健康を回復したブラウンは日本派遣宣教師として1873年に来日したのである。

　後に「横浜第一浸礼教会」は現在の横浜教会の住所に移ったが、本年2023年に、この横浜教会のごく直近に関東学院大学関内キャンパスが開校したことは不思議な巡り合わせを感じずにはいられない。

バプテスト研究への関心

　私は高校2年生の頃、友人に誘われて通った那覇市にあるバプテスト教会でバプテスマを受けた。この教会がバプテスト教会であり、それが縁となったのだが、沖縄では沖縄バプテスト連盟が設立されており、米国のアメリカ・バプテスト（北部バプテスト）、サザン・バプテスト（南部バプテスト）とも協力し、共に伝道活動をしていた。バプテスト教会が身近に存在していたので、とりわけ特別な思いはなかったのである。

　その後、バプテストの学府である関東学院大学に進学卒業した後、迷わず、学内にあった宣教研修所に進学し、その後伝道師の働きをしたが、結婚、出産のため空白の期間を送ることとなった。教会の働きを終えることに後ろ髪をひかれつつも、その後、米国のルーサー・ライス大学大学院で学ぶ道が開かれた。伝道者の道から、研究者への道へと変わっていったが、当時の教会婦人会の女性達が私のことをいつも忘れずに覚えてくださり、女性達の祈りに支えられ、子育てと学びを続けられたと思い感謝であった。

　いよいよ学位論文を書くことになった時に、祈りで支えていてくれた婦人

会の始まりとなる源流がどこにあったのか興味がわき調べてみたいと切実に思わされた。同時に婦人会の設立の過程を歴史的、史料的な裏付けにより、まとめる必要を強く感じたことが最初のバプテスト研究の始まりであった。以下これまでの主な研究について述べてみる。

1. 日本バプテスト派の婦人達の宣教活動

　現在のバプテスト同盟全国女性会の源流である「東部バプテスト聯合婦人会」について考察した。「日本バプテスト派の婦人達の宣教活動に関する歴史的研究（ルーサー・ライス大学学位論文　2005）」

(1) 東部バプテスト聯合婦人会の発足

　日本のキリスト教史において女性史の研究は新しい分野であり、その中でもキリスト教の一派であるバプテストの女性史は、女性の人権やその社会背景から資料を探し出すこともままならない時期があった。しかし、バプテスト全般の研究が進むのに助けられ補助的な記録ではあったが、新しい知見が得られるようになった。そのような状況の中限られた史料から日本のバプテストの女性組織の成立がどのように行われたのかをアメリカ・バプテストの女性組織との関わりから考察をはじめた。

　アメリカ・バプテスト宣教師同盟から派遣された宣教師達によって始められた宣教活動の中で、日本の婦人達は、婦人バプテスト外国宣教協会から派遣された婦人宣教師たちの大きな支援を受けた。そしてアメリカ・バプテスト宣教師同盟が、名称が北部バプテスト同盟と変更になったが、引き続き支援を受けられた日本の婦人達は、自主・自立を目指す全国組織の婦人会である「東部バプテスト聯合婦人会」を1925年11月に発足させ、2年後に関西地域が加わる形で組織を完成させたことが明らかになった。

　それまで組織の成立時期について明確に特定できなかった要因として、バプテスト派が堅持していた個別教会主義が教派として活動することを困難にし、全国組織設立の構想の妨げになっていたことが存在していた。

　バプテストの教会は、常に個別教会の自主、独立を主張し、その上の上部

構造が存在する制度を認めていなかった。従って一つの教派として活動するために宣教・教育・出版という共通の宣教活動やプロジェクトなどの出来る分野で協力し対処していく方法を採用していた。

(2) バプテスト同盟全国婦人会の発足

　太平洋戦争後の日本バプテスト東部組合系の婦人達は、アメリカ・ミッション・ボードの支援を受け自主・自立をめざしていたが、東部組合系の諸教会では、バプテストの信仰を堅持するため、新生会を組織し、婦人部も日本基督教団体に残留した。しかしその後、アメリカ・バプテストからの強い働きかけもあり、ついに日本基督教団から離脱し1955年にバプテスト同盟が発足した。教団新生会に残留する教会もあったので、それに伴い教団新生会に残留する婦人会も存在したが、このような経緯を経てバプテスト同盟全国婦人会が設立されたことも明らかにした。

　私の学位論文は日本のキリスト教の中の少数な一派の組織成立の研究であったかもしれないが、バプテストの女性達の組織が明治・大正・昭和という時代の荒波の中で自立を重んじ苦闘しながら、自由・自在に活動したという女性史をまとめられたのは大きな喜びとなっている。

2. 日本バプテスト同盟に至る日本バプテスト史年表（1860 ～ 2005）の年表編纂、及び資料編の作成（日本バプテスト130年史編纂委員会委員・書記）

　日本バプテスト同盟に至る日本バプテスト史年表の作成は、裏付けになる多数の史料を基に進められた。私は、2006年から130年史の年表作成編纂委員と書記の働きを務めた。実際に作業を始めてみると年表作成時に次々と生じた様々な課題を、日本バプテスト同盟の重鎮の先生方と共に議論し、数十年分の資料を検証、精査し、作成する日々を延々と送った。途中、東北の大震災を経験したり、委員の先生が病気療養のために入院するなどヒヤッとすることもあったが、終わりがないように思えた年表作成もついに完成の日を迎えた。完成に向けて編纂委員の先生がたと力を合わせた日々はかけがえ

のない経験になった。

　この他に、宣教師リスト、同盟の教会の変遷史を含む資料編も作成したが、今回はその年表編纂から数例のエピソードを紹介したいと思う。

　(1) 1873 年キリシタン禁令の高札撤去から2023 年は日本での宣教 150 年を迎えるが、バプテスト派の場合は、どのような働きだったのか。年表には、アメリカ・バプテストの「宣教師同盟」から N. ブラウン夫妻と J. ゴーブル夫妻が日本に到着した日が記載されている。

図1.　日本バプテスト同盟に至る
　　　 日本バプテスト史年表
　　　 日本バプテスト同盟蔵

　　1873 年　2 月 7 日　N.Brown 夫妻、J.Goble
　　　　　　　　　　　　夫妻来日

　　　　　　3 月 2 日　横浜第一浸礼教会設立

　　　　　　11 月　　　N. ブラウン、讃美歌・新約聖書翻訳着手

　(2) 年表作成の際、北部バプテストの N. ブラウンの『士無也久世無士与』（新約全書）の出版年数の確認作業を行った。日本で初めての新約全書の出版に対する確認作業はバプテストにとって重要な作業であった。私自身も関東学院大学図書館に保管されているN. ブラウンの『士無也久世無士与』（新約全書）を館長許可を得資料を複写し、編纂委員会の中で精査を重ねたのだった。

　ブラウンは、来日する前にインドのアッサムでも聖書を翻訳していたが、来日してから1874 年に翻訳共同委員会の聖書翻訳委員に選ばれていたのが、ギリシャ語原典に忠実に訳を

図2.　N. ブラウンの『士無也久
　　　 世無士与』和文表紙　関東
　　　 学院大学図書館蔵

すべきという立場をとり、共同委員会の委員を辞し、とりわけ「バプテスマ」の訳語をめぐって独自に聖書翻訳に従事した。この訳の特徴として、共同委員会訳のほとんどが英語の欽定訳であったのに対し、N.ブラウン訳はギリシャ語原典からの意味に忠実にしたいという自身の思いから聖書和訳に精進したのだった。そして共同委員会よりも9ヶ月早く、1879年8月1日に日本最初の『士無也久世無士与』（新約全書）を刊行した。ブラウンの言語学者としての力量に下支えされながらも書名を示すために万葉仮名を用い、仮名文字を用い聖書は出来るかぎり大勢の人たちに読めるように、そして理解されやすい言葉でなければならないとの信念にもとづいて聖書を翻訳したところにブラウンの日本人に対する配慮が感じられる。ブラウンは人道主義的理想主義者であり、世界の平和と人間平等の実現のために言語の簡易化と世界の共通語の必要性を強調した人であった。

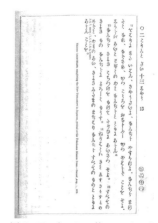

図3.　N.ブラウン第Ⅱコリント13章、末尾に英語で新約聖書の全訳が完成し、1879年横浜ミッションプレスで印刷されたことが記されている。　関東学院大学図書館蔵

the spot selected by them for the purpose.
You will have the goodness to communicate the substance of the above resolution to the Board, that they may appoint me to such place as they see fit. If another spot shall be found, of readier access to the heathen than this place, I shall rejoice to occupy it. But whatever spot may be selected, I shall hold myself under an obligation to comply with the wishes of the Board.
Yours affectionately
N. Brown

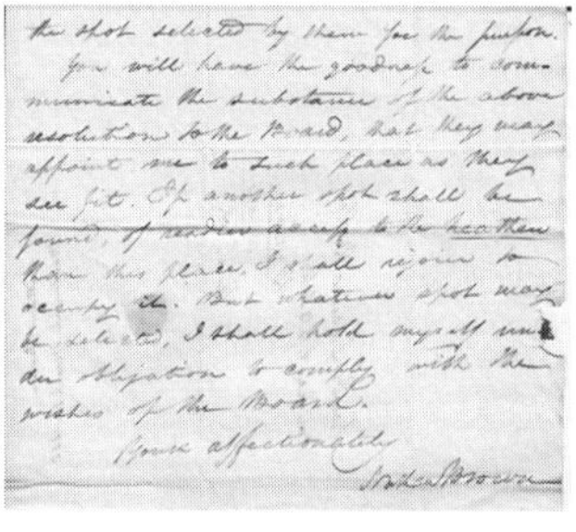

図4.　1850年4月29日付けのアメリカンバプテスト宣教師同盟に宛てたネーザン・ブラウンのサイン入り書簡。"Courtesy of the American Baptist Historical Society, Atlanta, GA"

3.　ルーサー・ライス（Luther Rice）研究

関東学院大学キリスト教と文化研究所のバプテスト研究会編の2007年発行の（1）バプテストの歴史的貢献に、前述した「日本バプテスト派の婦人達の宣教活動に関する歴史的研究」の東部バプテスト聯合婦人

会成立の学位論文の抄録を掲載して頂いた。続いて（2）バプテストの思想
と研究2017編にルーサー・ライスとアメリカ・バプテストの海外伝道につ
いての研究を掲載して頂いた。

　バプテストの思想と研究2017編（2）のルーサー・ライスとアメリカ・バ
プテストの海外伝道についての研究は、ビルマ（現ミャンマー）宣教のため
に北米から最初に派遣された宣教師アドニラム・ジャドソンを支え、アメリ
カ・バプテスト教会の海外伝道アメリカの初の海外伝道である、現在のミャ
ンマーにおいてアメリカの海外伝道、コンベンションと共に国内伝道の　枠
組みの端緒を切り開いたルーサー・ライス（Luther Rice）についての伝記で
ある Evelyn Wingo Thompson 著の *Luther Rice Believer in Tomorrow* とライ
ス自身の日記である *Dispensations of Providence* の新しい資料を加えて考察し
た。

　これまでの研究ではライスはアメリカ・ボードの宣教師として1813年に
インドに派遣され、既に着任していたジャドソン夫妻と合流し伝道活動に入
る予定だったが、インドへ向かう船中で英国バプテスト宣教師を応援するた
めのバプテストの二人の宣教師と知り合い、船中でのライスの信仰の転換点
はあまり知られていなかった。英国バプテスト宣教師がアメリカからインド
へ向かったのは、彼らは東インド会社の妨害を避けるためだった。彼らはイ
ギリスからの直行便を避けてアメリカ経由でインドへ向かおうとしていたた
めアメリカの宣教師達とも交流ができたことが予想される。ライスはその船
中で二人の英国バプテスト宣教師らと知り合い、インドでの宣教のために自
己の信仰的立場を明確にするためにと幼児洗礼と滴礼の聖書的根拠について
聖書研究や議論を重ねた結果、バプテストの自覚的信仰告白という原理にた
どり着き、神学的な確信を得るようになった。そしてインド、カルカッタに
到着早々にウィリアム・ケアリを訪ね、ギリシャ語の聖書を確かめたとい
う。その後ライスはジャドソンらと共に英国の植民地政策の影響から隣国の
ビルマへと宣教地を移し、ラングーンを中心にバプテスト派の宣教師として
伝道活動を行っていった。

　しかし、ビルマでの伝道活動は難航し、その活動を支えるために本国アメ

リカのバプテストの協力を求めることになる。そこでライスはビルマでの
ジャドソン夫妻の活動の支援に力を入れるため単身アメリカに帰国する。ビ
ルマ宣教の成功につながる可能性としてインドで見聞きした英国バプテスト
宣教師を派遣し支えているバプテスト宣教会（BMS）のような堅固な財政的
基盤を築くことが不可欠であると感じたライスは、個別で独立志向の強かっ
たアメリカに点在する南部のバプテスト教会を中心に回っていく。そして
1814 年に南北 11 州とコロンビア特区から合計 33 名の代表者が集まりつい
に組織が設立された。そしてライスはこの連盟の代表者に選ばれた。個別教
会主義をとる広大なアメリカの教会を回り、ビルマ宣教という共通の海外伝
道の取り組みを呼びかける中で協力体制として 1814 年にアメリカ・バプテ
スト海外伝道総連盟を設立し、ジャドソン夫妻のビルマ伝道を支援すること
になった。そして総会は 3 年毎に開催されるころからトライエニアル・コン
ベンション（Triennial Convention）と呼ばれるようになった。

4.　トライエニアル・コンベンション（Triennial Convention）での発表

　3 年ごとに行われている現アメリカン・バプテスト・チャーチーズ USA
のカンサス州、オーバーランドパークで行われたトライエニアル・コンベン
ションの 2015 アメリカ・バプテスト神学者と神学教育学会に私は参加し
た。団体が主催するアメリカ・バプテストの論文募集に応募し、総会の前の
学会で発表したが、一つの教派で学会同様の研究発表を開催できるスケール
の大きさに驚くと共に得るところの多い大会であった。
　ここではアメリカ・バプテストの太平洋戦争後の主に関東学院の復興計画
について次のタイトルで研究発表を行ったが、その後、発表論文が学会誌で
あるクゥオタリィー誌に掲載された。
　"American Baptist Mission Project after World War Ⅱ"（*American Baptist QUARTERLY* Vol.xxx, No.2, Valley Forge, summer 2016.）
　主な内容は太平洋戦争後にアメリカの超教派のキリスト教がいかに中断し
ていたキリスト教宣教を日本で再開していったのか、そしてアメリカ・バプ

テストと繋がりの深い関東学院大学を六浦に開校した経緯についてまとめたものだった。

5. 著書 『キリスト教宣教と日本―太平洋戦争と日米の動き』 彩流社 2018 年発行

1873 年の日本の高札撤去以降に再開されたキリスト教宣教は、太平洋戦争へ向かう軍国化の流れの中で再び道を閉ざされるが、太平洋戦争の戦前・戦中・戦後における海外ミッションとキリスト教信徒の動きを、とくに北米のキリスト教超教派組織である FMCNA の活動とその中のバプテスト派の働きを中心に追い、戦後日本の形成期に宣教師の果たした役割を考察した。この本の内容は前述したトライエニアル・コンベンションの 2015 アメリカ・バプテスト

図 5. アメリカ・バプテストクゥオタリィー誌、2016 年夏号　No.2
Cover image reprinted from ［AMERICAN BAP-TIST QUARTERLY/ Summer 2016］published by American Baptist Home Mission Societies and used by permission. All rights reserved.

神学者と神学教育学会で発表した内容も踏襲しているが、ジョージア州アトランタにあるアメリカ・バプテスト・資料協会（American Baptist Historical Society）およびニューヨーク州ニューヨーク市コロンビア大学、ユニオン神学校、バークライブラリーの一次資料をもとに日本のキリスト教の動きとアメリカのキリスト教会同士の連携やアメリカ政府の戦後日本占領政策の中で宣教師達のキリスト教の再移入と活躍に焦点を当てて著述した。日本は敗戦を経験したが、個人の信仰の自由を重んじるバプテストの先達達が思いを同じくする戦勝国であったアメリカの宣教師達と大学理事会が協力し合い関東学院大学と言う新しい大学づくりに尽力したことにも触れた。

6.　ベニンホフ・ハリー・バックスター　Benninghoff Harry Baxter（1874—1952）

早稲田大学の協力団体である早稲田奉仕園がスコットホール献堂の100周年を記念することから創始者であるベニンホフの奉仕園での初期活動を知りたいという依頼が発端となり、アトランタにあるアメリカ・バプテスト・資料協会（American Baptist Historical Society）にバプテストの宣教師であるベニンホフの資料について尋ねた。この内容は、2020年10月にシンポジウムで発表した。

▲ パネルディスカッションの様子

図6. 早稲田奉仕園スコットホール献堂100周年記念シンポジウム―若き日の出会い杉原千畝と早稲田奉仕園―創設者ベニンホフ宣教師と1920年前後の青年たち
早稲田奉仕園通信 No.80

早稲田奉仕園はバプテストの宣教師であるベニンホフが当初、東京学院の教授として来日し、キリスト教社会主義者である早稲田大学教授の安部磯雄と共にアメリカン・バプテストの活動の一環として始めた活動だった。現在も奉仕園の活動は数多く素晴らしいキリスト者を生み続けているが、当時の社会主義への弾圧がすさまじかったのか、奉仕園の初期の活動が実はよく分からない状況であった。関係者にとっては是非とも情報を得たいところだったが、アメリカ側の年次報告書の中に早稲田奉仕園という項目にたどりつくことができた。同時にアメリカ・バプテスト・資料協会にもリサーチをお願いし史料を入手したところ、東京を拠点とした早稲田大学との協力関係の中から多数の若者の心をとらえ、人種差別や公平な世界を目指す国際的な視野を持ち、社会を洞察し変革する他者と共に生きる人材を輩出していったベニンホフの活動についての輪郭を明らかにすることができた。

7.　D. C. ホルトム（キリスト教史学会発表および富坂キリスト教センター『戦争と平和主義―エキュメニズムの目指すところ』いのちのことば社、2023 年）

　太平洋戦争後の連合国軍最高司令官総司令部（GHQ/SCAP General Head-quarters, the Supreme Commander for the Allied Powers）の施策は日本の戦後の出発点となっているが、その一つの「神道指令」は日本の民主化につながる一つのステップであった。アメリカ人の宣教師で日本の神道研究にも精通していた D. C. ホルトム（Daniel Clarence Holtom, 1884-1962）は、日本が韓国を併合して国家主義のもとに軍国主義へと進んで行く 1910 年に来日した。1941 年に太平洋戦争が勃発し強制帰国を余儀なくされるまでの 30 年余り日本を見続けた彼の神道研究は太平洋戦争終結後に GHQ への「勧告書」という形で紹介され「神道指令」という宗教政策に反映された。国家神道が日本人の精神構造に深く根を下ろし、その精神構造が国家主義・軍国主義を生み出して、太平洋戦争に至る要因の一つと見ていた。そのため「神道指令」による国家と神道との完全な分離、つまり政教分離を徹底することが必要であるとした。

　しかし GHQ/SCAP の「神道指令」の施策が日本人の精神まで入り込めなかったことを 1947 年版の『日本と天皇と神道』で指摘している。その要因として「日本人の精神構造」を挙げている。1943 年に対日戦の研究のためアメリカの太平洋問題調査会 IPR（Institute of Pacific Relations）の呼びかけで人類学者、社会学者、極東専門家が参加しホルトムは「日本人の内面性」について研究発表を行っている。そこでは日本人の集団志向は、天皇崇拝と一体化された権威主義性格や精神構造が排他的で、心情は江戸時代の「鎖国」に由来しており、よそ者を「潜在的な敵」とみなす傾向があり、異民族を「劣等」として敵対すると捉えられていた。

　そして日本人の性格上の特徴として「原始性」（古代性―古代の太陽神である天照大神）を挙げている。通常、土着の宗教は時代をかけて醸成されていくのだが、日本という国は中世時代を引きずりながら欧米諸国からの政治的

孤立や地勢的、社会的孤立により隔離されたまま原始性が保たれてきたため
このような土壌から生まれた近代政府である明治政府は、排外主義や国家主
義を醸成しやすく国家が危機に瀕すると日本人の心はかつての原始的で排他
的な慣習へと引き戻してしまうと述べている。

　この原始性は日本人の思考や行動に 1. 人種の優位性の誇張―自らの唯一
性や優位性を誇り、他の人々よりも自国の民族のみが優れているという集団
心理を生み、これが「日本人精神」という軍国主義の心理的基盤となった。
2. 日露戦争後の勝利により、生産的行為よりも他の人々が得た実りを奪い取
ることのほうが効率的であるという確信をもたらし、そのことにより職業軍
人が社会的に高位に位置づけられ、朝鮮、中国、南方諸島への進出を必然と
する意識が生まれていた。3. 日本人の権威に対する考えへの影響として個人
の責任よりも集団支配者の権威への依存により、個人の責任の欠如が見られ
た。4. 中世の頃からの死の受けとめかたは武士階級の戦いに見られるように
降伏することは恥と捉え、捕らわれるよりも死を選ぶ死生観があった。

　日本の近代化の中で生まれた国家に対する忠誠心と愛国主義や日本の類を
見ない近代化の成果は国家的な脅迫観から生まれ、日本人が東洋の指導者と
なるという理想と結びついている。国家に対する精神的な忠誠心と愛国主義
は他国への優越性を誇張するためのものであったが、日本人は日本人の優越
性と結びつきその計画実行組織として軍隊が位置づけられていると考えた。

　しかし 1947 年版の『日本と天皇と神道』に記載しているが「神道指令」
（1945 年、GHQ が日本政府に対して発した覚書。国家神道の廃止、政治と宗教の
徹底的分離、神社神道の民間宗教としての存続などを指示）では、不十分な点と
して国際的な民主主義への真価は男女の同権問題や教育の進歩が戦後の日本
においてどの程度はかられていくのかであると述べている。GHQ/SCAP の
政教分離政策についても太平洋戦争後に起きた米ソ冷戦のために日本統治の
政策の積み残しが生じ、「神道指令」にも課題を残し、国家主義の残存を許
すことになった。日本人が他の宗教を信じる際にも組織的、構造的勢力とし
て個々の精神や行為を集団的に支配しようとする、国家主義の残存があるこ
とに注意喚起を促している。戦後の日本の歩みを危惧し民主主義の発展の指

標と真価は男女の同権の発展度が普遍的な世界の尺度で評価されることを指摘しているが、実際のところ日本はどの程度進歩したのであろうか。個人の信仰を重要視するバプテストの宣教師ホルトムの目からは内面の出来事である信仰に国家が強制力のある日本における国家神道を廃止することこそ、日本の人々の信仰の自由が得られると考え、日本の民主化の一歩としての政教分離が図られたことの意義は大きなものであった。

　（キリスト教史学会発表および富坂キリスト教センター『戦争と平和主義―エキュメニズムの目指すところ』いのちのことば社、2023 年。掲載）資料　米国クレアモント大学、ホルトム特別コレクション。

むすび

　これまでの代表的な研究を振り返ってみると日本とアメリカのバプテスト教会の組織研究と宣教師の研究が多いことに気づいた。日本の全国婦人会組織やアメリカでのバプテストの組織研究について成立時期の特定が困難で、組織の成立が他派に比較して遅かった要因として、バプテスト派が堅持していた個別教会主義が教派として活動することを困難にしていたことも見られた。バプテストの教会は、常に個別教会の自主、独立を主張し、その上に立つ上部構造が存在する制度を認めていなかったために全国組織設立の構想を遅らせていたことが考えられた。しかしその問題を解消し、教派として活動するために宣教・教育・出版という共通の宣教課題を掲げ、賛同出来る分野で協力する方法を模索し対処していったのは画期的な方法であった。

　また、宣教師の多くは人道主義者であり、世界の平和と人間平等の実現のために聖書の言語の簡易化と世界の共通語の必要性を強調したブラウンや、自己の信仰的立場を明確にするために幼児洗礼と滴礼の聖書的根拠について聖書研究や議論を重ね、バプテストの自覚的信仰告白という原理にたどり着いたライスのような存在もあった。

　時代が下り 19 世紀には、人種差別や公平な世界を目指す国際的な視野を持ち、社会を洞察し変革する他者と共に生きる人材を輩出していったベニンホフの活動のように、宣教師の活動からもバプテスト派は国籍や人種にかか

わらず個人の精神や信仰の自由をかけがえのないものとしていたが、ベニンホフはバプテストに限らずユニテリアン的な神学をもって活動していたとも言われている。そしてホルトムの場合は日本におけるキリスト教宣教が遅々として進まない要因に日本人の心に深く影響を与えている国家神道と国家主義観にある事に気づき、それを拒否できない日本の社会構造を変革し、政教の分離を図るために「神道指令」に尽力したと言える。

　150 年前の日本には、個人や信仰の自由、信教の自由という意識が芽生えていなかったといえるが、その後の聖書翻訳や入信した人々の活動によって国や人種や性別によらず神にあっては一人一人が、かけがえのない存在であるというメッセージがもたらされた。（私たちもまた、このように多くの証人に雲のように囲まれている　ヘブライ人への手紙 12：1）

　これらのバプテストの先達は今、私たちに何を問うているであろうか。軍拡、格差社会、デジタル化による生活様式の変化により人間性を失いがちな時代だが、バプテストの持つ柔軟さや連帯力と共に、個人の尊厳と信仰の自由をかけがえのないものとして次世代にも伝える者でありたいと思わされる。

「私と歴史研究」　　　　　　　　　　　　　　古谷　圭一

　この稿を書き始めて気が付いたことは、実験系の分析化学の道を歩んできた私が、現在、行っているいくつもの仕事がいずれも歴史的研究であることである。当関東学院大学キリスト教と文化研究所でのバプテスト研究会のそれは当然として、坂田祐研究会における坂田祐日記解読と当時の新聞トピックスとの対照作業もそうであるし、その他、日本学術振興会製鋼第 19 委員会の創立期の研究も、また、執筆を続けている『科学とキリスト教』シリーズもそうであり、また、さらに、東京都の外かく環状道路地上部街路に関する話し合いの会における住民としての主張も必然的に東京の道路計画の歴史を踏まえなければ、議論とはならない。

　そう考えてこの稿を書くために考えたら、その起源は、私の大学受験浪人

時代にその源があることに気が付いた。高校在学時には一番苦手で、嫌いであった世界史のため、二度の受験失敗の後で考えた。それまでの教科書を覚えることを捨て、いろいろな辞典や書物から各国の政治、経済、外交、文化ごとのトピックスをまとめなおし、自分なりの世界史を書くことにした。そうするといろいろな史実が立体的につながりを持ち、それらが自分の生につながっていることを発見した。これが、その後、専門の化学研究の中でも、その目をもって見ることにつながったのであろう。付言するが、当時の理系の大学入学試験科目には、理系でも歴史社会系の二科目が必須であった。

　大学を卒業し、教職について直面したのが、大学紛争であった。その中で問われたことは、単なるシステム運営上の問題ではなく、大学とは何か、そして、大学人としてどう生きるかの根本的な問題であった。単なる一時的な感情ではなく課題に取り組むためにはと、いろいろな参考書、事典、資料、パンフレットを集め、その中から学生たちの主張、教授たちの主張、政治的な立場などからの討論資料をまとめたこともあった。（文献1, 2, 3）　この中で得た経験が、その後の筆者の、当時ほとんど未開拓であった技術倫理、環境倫理への研究と教育につながっている。

　紛争も終盤に近付いたころ、カナダの大学の経営工学の教授から、日本の近代化学技術史の研究を行うポストドクターを求めているとの話が舞い込んだ。たまたま同僚の助教授二人はこの間、外国での研修中で、紛争の中での学生との対応で実験を行えない研究室の中では、海外研修の機会を逸して、このままになる可能性があり、自分のこれからの研究テーマを発見する新しい視点の獲得になると、実験系の研究室から指導教授と相談もしないまま、これに応募し、一年半ばかり日本化学工業技術の歴史をまとめることになった。それには、持っていけるだけ沢山の日本の化学工業会社の社史をあつめ、明治以降の欧米技術の摂取と消化、その中での日本的技術の成長についての研究を行った。（文献4）　この経験がある程度の歴史学的研究の基礎を身に着けることができたと思っている。

　その後、日本化学会創立百年を記念する出版、『日本の化学百年史』の原料・資源の章（文献5）工業分析化学の章（文献6）、日本分析化学会の『日

本分析化学史』では、「工業と分析化学」（文献7）および「機器及び器具」（文献8）の項目を担当することになった。これらは、カナダでの視点を専門の分析化学の分野へと結びつけるものであった。その過程で、第一次世界大戦直後に大きな話題となった川崎造船と大倉鉱業間の「銑鉄一千万円訴訟事件」が、筆者の専門とする工業分析化学の歴史的進歩の重要な鍵となっていることを指摘し、その裁判資料を用いて論証した論文を『化学史研究』誌に発表した。（文献9）それは、当時筆者がかかわっていた日本学術振興会製鋼第19委員会の創立の動機を与えるものであり、現在でも、日本製鉄技術史上注目すべき論文とみなされている。

　その後、筆者の属する研究室の創設者であり、日本学術振興会製鋼第19委員会第一分科会の主査であった宗宮尚行教授の記念会から、教授の伝記執筆と弟子たちの追想文の編集を一任され、成書とした。（文献10）また、徳川期の日本における教育、海外知識に対する関心、その裏にある移動性をもった階級制度等、同じ時期の韓国のこれらとの比較史を述べた論文（文献11）もある。

　筆者は、1951年の高校生活の終わりころから、阿部行蔵牧師の日本基督教団四谷教会に通い始め、1955年の五旬節の日に、阿部牧師の最後の受洗者として受洗した。信仰者として神に向かう心の誠実さに魅かれてのものであった。礼拝は、戦災で会堂を失った四谷ではなく、阿佐ヶ谷の普通の住宅である牧師館で行われ、戦中に死と直面した大学生たちがその中心であった。戦後すぐにアメリカにおけるキリスト教精神（ことにそのユニテリアニズム）（この阿部の用語には疑問がある。むしろ会衆主義か）の貢献を彼らは、阿部牧師に求めていた。

　四谷教会は、戦前には四谷左門町に、A・レーモンド設計の大きな会堂をもち、渡部元、青柳茂が主管し、東京バプテスト女子学寮と密接な関係を持つ教会であったが、戦災を受け、杉並区阿佐谷の二階建て牧師館で集会をもっていた。

　終戦直後の開放的な占領政策が、東西対立の激化とともに、日本を共産圏

の盾とする占領政策への急激な転向の下で、中国・ソ連からの引揚者問題に良心的信仰的問題としてかかわっていた阿部牧師の行動は、それまでは自由で民主的と考えていたアメリカの強権的圧力も意識せざるを得ないものとなり、それが会堂再建を目指す教会運営にも表われた。そのために、当時ブームを巻き起こしつつあったキリスト教会へのミッションによる復興援助の持つ政治的意味を無視することができず、阿部牧師はこれを辞退し、それが教会員の分裂を引き起こした。折から、阿部牧師は、引揚者暴力事件の責任者として政治的ともとれる訴訟にまきこまれ、牧師辞任を決意した。残されたわずかの教会員は、後任牧師の決定までの留任を希望し、教会運営は執事会にゆだねられた。

　ちょうどこの時期に受浸した筆者の万人祭司の意識に立つバプテスト教会の一信徒としての教会生活は、通常教会の一般信徒のそれとは大分違ったものであった。すなわち、急激に減少する教会活動の中、受浸2か月後から定期的に礼拝講壇を持たされ、最後には、1962年にこの教会の最後の執事として解散届と阿部牧師の引退届を教団総会に提出することとなった。

　この経過を歴史文書として記録し、残すことがそれ以降の筆者の最大課題であった。少なくとも筆者が関係した期間の歩みとその理由を、この教会に来られなくなった人々に伝えなければならない。また、同じ兄弟教会の人々にも伝え残すことが、負わされた者の主に対する義務と感じられた。そのためのメモの作成、聞き書きの保存、戦災の後に残されたわずかな文書の保管、書き続けられてきた運営記録など、解散時わずかに風呂敷包みひとつのままで退職時まで過ごした。

　現役の大学教授としての定年を迎えた直後から、この課題を果たすことが最優先の仕事となった。そして、まず、筆者が直接かかわった時代を中心として年表をまとめ、2005年頃これを当時の日本バプテスト同盟総主事丹野真人牧師に贈呈した。これがきっかけとなり、海老坪真先生を紹介され、さらに、先生から同同盟史編纂委員の松岡正樹牧師を紹介いただき、戦前の四谷教会に関する記事が、渡部元牧師が主幹であった『基督教報』紙に豊富にあること、そのリストも頂いて、調査研究の内容が一気に拡大充実すること

となった。これが、本研究グループ参加のきっかけである。

　研究論文としては、それまでにまとめていた四谷教会の戦後部分の歴史を所報に投稿し、（文献 12, 13, 14）　さらに、その後の調査によって、四谷教会で受浸した坂田祐について報告している。（文献 15）これに加えて四谷教会の成立以前から解散までの全史をまとめて成書としたのが『近代日本の戦争と教会　日本基督教団四谷教会史』(2011)（文献 16）である。この著は、他の多くの「教会史」の記念史的な内容とは異なり、マイナスの側面も率直に記述して、当時の社会とのつながりも意識して取り上げ、客観的であることを心掛けた。出版後にあたらしく判明した歴史的事実のまとめが、これ以降の研究として発表されている。

　戦前の四谷教会は、東部バプテスト組合教会所属の東京第二バプテスト教会として 1890 年に設立され、主管者として岡崎福松、千葉勇五郎、渡部元、青柳茂、阿部行蔵ら、篠崎茂穂（新生会）、その間、彰栄幼稚園、東京バプテスト女子学寮、東京学院と密接な関係をもち、四谷平和幼稚園、四谷英語学校を併設、関係者としては、坂田祐、石原キク、吉屋信子、安藤謙助、江谷林蔵、友井植、阿部行蔵、塩月賢太郎、沢野正幸、神学生としては、境野報酬、川又吉五郎、橋本正三、熊野清樹、大竹庸悦、加納政弘ら、宣教師としては、フィッシャー、タフト夫妻、ファイフ、タッピング夫妻、ワインド、クラゲット、ディスリッジ、アキスリング、ライダーらが深い関係を持っている。また、関東大震災後の左門町会堂は、東京女子大学キャンパス建築物を設計したレーモンドの設計であり、関東大震災時には東部バプテスト組合復興委員会が設置されている。

　このことは、必然的に日本バプテスト史において欠かせない人物、団体、事件、出来事と大きくかかわっており、『近代日本の戦争と教会』では書ききれなかったトピックス、または、その後に判明した史実についての研究を現在でも継続している。それとともに、バプテスト信仰の原点を振り返り、自分の信仰の歩みとの関連で、四谷教会解散後の教団新生会のあゆみに対しても調査研究を続けている。

　四谷教会のわずか80年の歴史の中には、実にたくさんの歴史的課題が残されている。『近代日本の戦争と教会　日本基督教団四谷教会史』（文献16）以後の諸論文は、大きく分類すると、1. これに漏れた四谷教会の関連史、2. 教会解散のきっかけとなった教団新生会分裂前後の歴史、3. その後の教団新生会に属した教会の歴史、4. 原点としてのバプテスト主義形成史　5. 四谷教会と関東学院、となる。

　特に明らかとなったのは、まず、これまで一切不明であった杉並伝道所の成立とその後の消息である。江谷林蔵の辞任と同夫妻の一燈園への参加後、渡部牧師主管の杉並バプテスト教会となり、付属のときわ幼稚園主任保母山岸（石井）信子の夫石井晴美の主催する東京同心基督教教会との合併によって現在の杉並中通教会となったことを初めて明らかとした。（文献20）　また、幼稚園は、片谷武雄牧師が購入してのぞみ幼稚園となり、教会はその後、日本キリスト教団西荻教会となっている。（文献26）　日本基督教団四谷教会解散時の残された人々は、沢野信幸牧師を中心として日本バプテスト同盟杉並バプテスト教会として発足したが、その後、上記の荻窪中通教会と合併して今日に至っているので、二つの教会が互いに深いつながりがあることを明らかとした。

　四谷教会史の中で、著者にとってとくに関心があるのは、江谷林蔵、阿部行蔵、大竹庸悦の三人の牧師である。この三人はいずれも、表面上は、教会を去ったとされている人々である。しかしながら、彼等のその後の歩みは、決して信仰を棄ててのものでなく、彼らのキリストを追う熱情が、安易な妥協を求める「普通のクリスチャン」との歩みに合わせることができなかった結果のように思われる。江谷に関しては、文献20において、阿部に関しては、文献12, 13, 14、文献16の第24章以下、文献18に論じた。大竹庸悦については、大学紛争時の調査が未完のため今後の課題として残されている。

　振り返ってみると、一信徒でありながら、講壇を守り、会員を問安し、最後にはその教会の解散責任者として立場を経験したことは、万人祭司の理念に立つ会衆主義の立場であるバプテスト教会のメンバーであることによって

いることの意味を強く意識するようになった。ウェストミンスター信仰告白、サボイ宣言との比較を意識した学びの成果が、「イングランド市民革命とプロテスタント各教派の成立」（文献21）と「第二ロンドン信仰告白（1677年）」（文献22）である。状況を正しく判断するため、教派教育を中心とした神学校のそれを離れて、広く一般社会の視点を取り入れることにつとめた。それは、クロムウェルの評価が教派によって全く異なることを発見したからである。この視点は、新生会分裂前後の個々の教会の行動の解析に極めて有効であった。（文献 24, 25, 26, 27）

　四谷教会は、千葉勇五郎、坂田祐を初めとして、関東学院とのつながりをもつ人物は多い。昭和初期の関東学院セツルメント活動の中で、関東学院生を中心とした横浜学生 YMCA 設立や東山荘 SCM 事件およびその直後の特高による学生逮捕事件に関しては、戦時中は当然であるが、忘却された戦後もほとんど報じられていない。筆者はこれまで未発表であった学生側のパンフレット資料を発見し、これをまとめた。（文献 18, 28）これには千葉勇五郎、友井槙、阿部行蔵、富田富士雄がかかわっている。

　筆者のバプテスト研究と並行して研究を進めているのは、これまでの専門分野であった科学技術と信仰との関連性である。ことに技術学とキリスト教との関係に関してはほとんど未開拓の分野であり、また、自分の生き方に関する大きな課題でもある。恵泉女学園大学の職務を終えたころから同大学の社会人講座を利用して、古代以降現代にいたる技術に関するキリスト教思想についての講義を続け、それらを補充加筆して出版しつつあるのが、科学技術とキリスト教シリーズの『聖書の中の自然と科学技術』（文献17）、『中世キリスト教と科学技術』（文献19）、および『近代科学者たちの信仰と科学』（文献23）である。この作業は、原始キリスト教、初期キリスト教、中世キリスト教、そして、宗教改革期のキリスト教についての理解を深め、筆者のバプテスト研究にも大きく貢献している。現在は、18, 19 世紀の科学技術とキリスト教に関して執筆準備中である。

　四谷教会解散後、志を同じくする教会員と共に、同じく日本基督教団新生会に所属する早稲田教会に集団転籍をした。エキュメニズムに立つバプテスト主義のためであった。

　しかしながら、それ以降、約半世紀が経過した現在、新生会分裂後の教団新生会にとどまった教会は、それぞれ大きな変化を歩んでいる。筆者にとっては、これらの研究から与えられた自己の信仰と所属教会の関係が無視できない課題である。その一環として行っているのが、「バプテストから去った諸教会の歴史とその諸問題」（文献26）と「信徒の見た教団新生会残留の経過　向谷容堂日記および奈良信筆『早稲田教会五〇年史』未発表原稿による」（文献27）である。これらにおいては、教団の教会性の理解のあいまいさとその意識喪失が原因であることを指摘した。筆者が現在所属している早稲田教会をはじめとして、現在の教団新生会所属教会のもつ教会意識は、宗教法人届け出に関連した新生会分裂当時に筆者が経験した教会の信仰の明確化とは違って、世代が代わることによって大きく変化しつつあるように思われる。具体的には、かつてのバプテスト信仰をもっていた世代信徒の減少、バプテスト主義教育を受けていない牧師の交代によって、他教派的教会となっていたり、元々あったはずのエキュメニカルなバプテスト主義が消失し、無原則的広教会主義に堕しつつあるように思われる。これはプロテスタント精神の追求がなされた17世紀イングランドのキリスト教が、名誉革命を過ごして18, 19世紀のイギリス各教派の教会が、制度維持に重心を置き、教派併存の広義の広教会主義となっていることに似ていることを感じている。

　現在、残された研究課題は、人物としては、江谷林蔵、阿部行蔵とともに、教会を去ったとされていながら、決してイエスの救いを棄ててはいなかった大竹庸悦についてまとめたく思い、また、新生会分裂後に生まれた教団新生会の歴史をまとめる必要も感じているが、これまで、関連調査が不十分でまだ、取り組めないでいる。また、現在、原稿完成状態のままのG. E. ライダー筆『東京バプテスト女子学寮の思い出』の翻訳と本研究所所属

の坂田祐研究会における坂田祐日記（1942-1944, 1947-1948 年）解読結果の公表が残されている課題である。

文献

1. 「大学共同体の幻想」、『新しい工学部のために』1969 pp.221-316、東京大学出版会 .

2. 「情報時代における大学」、『工学部の研究と教育』1971 pp.1-12、東京大学出版会 .

3. 「大学とはなにか」、『工学部の研究と教育』1971 pp.13-39, 東京大学出版会 .

4. 「A Comparison of Various Estimates of Manpower in R & D in Japan」、Working Paper, 1971 No. 50, Department of Management Sciences, University of Waterloo, Ontario, Canada.

5. 「原料・資源と化学工業」、『日本の化学百年史—化学と化学工業の歩み—』1978, pp.204-207 日本化学会編、東京化学同人 .

6. 「工業分析・計測」、『日本の化学百年史—化学と化学工業の歩み—』1978, pp.1126-1173 日本化学会編、東京化学同人 .

7. 「工業と分析化学」、『日本分析化学史』pp. 24-34, 1981 日本分析化学会、東京化学同人 .

8. 「機器および器具」、『日本分析化学史』pp. 379-385, 1981 日本分析化学会、東京化学同人 .

9. 「大正の工業化学分析—いわゆる銑鉄一千万円訴訟事件について」、『化学史研究』、1979 pp. 9-18, No. 9.

10. 著者および主任編集、『宗宮尚行と工業分析化学』1992 宗宮尚行記念刊行会編 .

11. 「近代日本の西欧科学技術の受容」（韓国語）、『科学と思想』1993 pp.126-147,vol. 9 凡人社、ソウル .

12. 「第二次世界大戦後の四谷教会（1）　戦争責任への問いかけ」2008　pp.79-91,『キリスト教と文化』No. 6, 2007 年度関東学院大学キリスト教と文化研究所所報 .

13. 「第二次世界大戦後の四谷教会（2）　阿部牧師辞任申し出から教会解散まで」2009 pp.91-199,『キリスト教と文化』、No. 7, 2008 年度関東学院大学キリスト教と文化研究所所報 .

14. 「第二次世界大戦下の四谷教会—阿部行蔵牧師就任から教会堂消失まで—」、『キリスト教と文化』2010 No. 8, pp. 99-109, 2009 年度関東学院大学キリスト教と文化研究所所報 .

15. 「四谷教会と坂田祐」、『キリスト教と文化』2011 No.9, pp.39-49, 2010 年度関東学院大学キリスト教と文化研究所所報 .

16. 『近代日本の戦争と教会　日本基督教団四谷教会史』2011 さんこう社 . 及び　2023 ディスカヴァー 21　（デジタル版）.

17. 単著、『聖書の中の自然と科学技術』2013 さんこう社. 及び　2023 ディスカバー 21（デジタル版）.

18. 「社会的基督教と関東学院」、『キリスト教と文化』2013 No. 11 pp.105-116,.

19. 単著、『中世キリスト教と科学技術』2015 さんこう社. 2023 ディスカバー 21　（デジタル版）.

20. 「四谷教会杉並伝道所のあゆみ」、『キリスト教と文化』、2015 No. 13 pp.57-68.

21. 「イングランド市民革命とプロテスタント各教派の成立」、『キリスト教と文化』2016（No. 14）pp.33-46.

22. 「第二ロンドン信仰告白（1677 年)」、『バプテストの歴史と思想研究①』2017　pp.45-93, バプテスト研究プロジェクト編、関東学院大学出版会.

23. 単著、『近代科学者たちの信仰と科学』、2018 さんこう社. 2023 ディスカバー 21（デジタル版）.

24. 「日本基督教団の成立とバプテスト教会」、『バプテストの歴史と思想研究②』2018 pp.47-80, バプテスト研究プロジェクト編、関東学院大学出版会.

25. 「戦後日本基督教団と新生会の分裂まで」、『バプテストの歴史と思想研究③』2019 pp.117-177, バプテスト研究プロジェクト編、関東学院大学出版会.

26. 「バプテスト教会から去った諸教会の歴史とその諸問題」、『バプテストの歴史と思想研究④』、2020 pp.125-155, バプテスト研究プロジェクト編、関東学院大学出版会.

27. 「信徒の見た教団新生会残留の経過　向谷容堂日記及び奈良信筆『早稲田教会五〇年史』未発表原稿による」、『バプテストの歴史と思想研究⑤』2022 pp. 89-138, バプテスト研究プロジェクト編、関東学院大学出版会.

28. 「SCM 東山荘夏季学校事件と関東学院」、『バプテストの歴史と思想研究⑥』2022 pp.143-173, バプテスト研究プロジェクト編、関東学院大学出版会.

29. 訳書、G. E. ライダー著、『東京バプテスト女子学寮の思い出』、発表予定.

この他に、坂田祐日記の解読　昭和 17-19 年　昭和 22, 23 年　坂田祐研究グループ　討議下書資料.

執筆者紹介〔執筆順〕

村椿　真理　　関東学院大学法学部　教授

内藤　幹子　　関東学院大学経営学部　准教授

関東学院大学 キリスト教と文化研究所 研究論集❼

バプテストの歴史と思想研究

2024 年 3 月 8 日　　第 1 刷発行

編　　者　　関東学院大学キリスト教と文化研究所
　　　　　　バプテスト研究プロジェクト

発 行 者　　関東学院大学出版会

　　　　　　代表者　小　山　嚴　也

　　　　　　236-8501　横浜市金沢区六浦東一丁目 50 番 1 号
　　　　　　電話・(045)786-5906／FAX・(045)786-7840

発 売 所　　丸善出版株式会社

　　　　　　101-0051　東京都千代田区神田神保町二丁目 17 番
　　　　　　電話・(03)3512-3256／FAX・(03)3512-3270

編集校正協力・細田哲史（明誠書林合同会社）
印刷／製本・藤原印刷株式会社